发现新上海

王一秋 沈飞 ——— 著

SHANGHAI

上海科学技术文献出版社
Shanghai Scientific and Technological Literature Press

图书在版编目（CIP）数据

发现新上海 / 王一秋，沈飞著. —上海：上海科学技术文献出版社，2018
ISBN 978-7-5439-7727-3

Ⅰ.① 发… Ⅱ.① 王…② 沈… Ⅲ.① 旅游指南—上海 Ⅳ.① K928.951

中国版本图书馆 CIP 数据核字（2018）第 165463 号

选题策划：张　树
责任编辑：王倍倍
助理编辑：张　璇
装帧设计：许　菲

发现新上海
FAXIAN XIN SHANGHAI
王一秋　沈　飞　著
出版发行：上海科学技术文献出版社
地　　址：上海市长乐路 746 号
邮政编码：200040
经　　销：全国新华书店有限公司
印　　刷：常熟市文化印刷有限公司
开　　本：889×1194　1/32
印　　张：8
字　　数：193 000
版　　次：2018 年 8 月第 1 版　2018 年 8 月第 1 次印刷
书　　号：ISBN 978-7-5439-7727-3
定　　价：48.00 元
http://www.sstlp.com

《发现新上海》编委会

编委会主任：徐未晚
编委会副主任：丁振文
主　　编：沈　超
副 主 编：叶　蕾　陆江涛
撰　　稿：王一秋　沈　飞
编　　委：郭俊凯　胡志堂　金　欣　滕蔚琼　王　婷
　　　　　曾少俊　朱政邦
　　　　　（按姓氏拼音排列）

序

  如果你骑上一只大鹏，临空眺望上海——这座国际化的大都市，每天你都会看到不一样的风景。晨曦中，熠熠生辉的黄浦江和苏州河穿城而过，一座座高楼拔地而起，大街小巷中的人群行色匆匆，大小汽车穿梭于高架桥梁。上海，一个奔跑着的青年，怕赶不上世界变换的脚步，怕追不上飞逝的时间。

  应该给这座匆忙的城市留下点什么，是注脚，是诗篇，抑或只是忠实的纪录。2014 年起，在上海市旅游局的倡议和指导下，我们以纪录片的方式，拍摄了大型专题片《发现新上海》，试图从一个新上海旅行者、发现者的视角，通过影像和文字，记录下上海这座城市每年的新事物、新景象、新理念，为来到这座城市的过客、游客提供参考和指引。本书是从这部大型专题片而来，希望通过文字和图片的形式，给阅读者更充分的时间，来细细品味、感受这座城市。

  2014 年，我们看到了当年的美食新星——法国厨师的"分子料理"、媒体青年的微信订阅号"周末做啥"、创业青年的 3D 打印技术、"涂鸦大师"如何为建筑进行"美颜"、中华艺术宫和上海当代艺术博物馆的建成、乡村旅游成为上海人热衷的新兴旅游方式，而电影《花样年华》中包裹着优雅和妖娆的上海旗袍的丽影，依然辗转于茂名路旗袍一条街。

  2015 年，我们以当年风行的几种旅行方式作为整季的主题：亲子游——房车、夜宿博物馆；"上海味道"美食游——上海老字号、英式下午茶、松江四鳃鲈鱼、大闸蟹和蟹粉小笼；富有异域风情的上海留洋游——阿根廷美食、葡萄酒等；

流行中的文艺游——京剧写真摄影、珍得巧克力剧院；郊外游——奉贤伏羊宴、马术俱乐部、金山丝毯，以及一年一度的旅游盛会——上海旅游节。

2016年的上海，我们见证了上海迪士尼乐园在上海的开园；这座城市出现了共享单车；偶像美少女组合SNH48登陆1933老场坊创意园区的星梦剧院；香港名厨选择了一幢老洋房，开起了以河豚为主要食材的私家餐馆；喜欢刺激的年轻人迷上了滑翔伞运动、CS拟真游戏。跟着知名演员刘小锋，我们开启了上海的红色之旅——中共一大会址纪念馆、多伦路文化名人街、四行仓库抗战纪念馆。

2017年，亚洲第一高楼——上海中心大厦第118层的"上海之巅"观光厅正式向公众开放。马未都，世界最高博物馆——上海观复博物馆的主人讲述了这座博物馆的缘起；出生于福建的商人郑鸿河重新打造了上海曾经繁华的地标——百乐门；作家赵丽宏在思南公馆开起了"读书会"；一部需要"跑着看的戏剧"——《不眠之夜》，让上海的年轻人着了迷；邮轮成为上海家庭流行的旅行方式。这一年的上海，又有了新的美食体验：已有35年烹饪经验的欧洲名厨精心制作的西餐、崇明清水蟹、瑞典厨师的北欧餐厅和台湾人设计的新式素食餐馆。人们对于居住的理念再次更新：艺术酒店、可以移动的酒店、乡村苗圃里的法式套房、只需要一部手机就能入住的轻奢酒店。

既然是旅行，就一定要找到当地的美物存下这段记忆。第四季还搜罗了上海富有新意的购物体验、将古老的制作工艺融汇于现代理念的工艺品和纪念品、边喝茶边阅读的"书局"、引入国内外设计师作品的买手店，等等。

系列专题片《发现新上海》，每年制作一季，每季4～6集，每集30分钟。这在纪录片中，属于"大型"的体量，但是对于上海这座飞速发展的城市来说，每一年的选材都让我们难以割舍、犹豫再三。选取哪些人、事、景放入我们的镜头和文字叙述之中，他(它)们是否代表着这一年的"新"上海。我们经常年头开了策划会、定了选题，拍着拍着又不得不把选题换掉，因为上海的每分每秒都是"新的"。

《发现新上海》系列在覆盖全国的电视平台——上海电视台 SiTV 全纪实频道首播，如今又能通过文字和图片留存于书本。作为这个系列专题片的监制者之一，感念于年轻的制作团队，用他们年轻的视角和激情，让我们看到这座城市发展的足迹，感受到这座城市的勃勃生机。

叶　蕾

2018 年 7 月 22 日

目录
CONTENTS

第一季　Season 1　　1

想象 /2　斑斓 /18　声谱 /32　曲线 /44
热力 /54　面孔 /71

第二季　Season 2　　89

亲子游 /90　美食游 /98　留洋游 /111
文艺游 /124　郊外游 /135　旅游节 /144

第三季　Season 3　　157

创智之旅 /158　红色之旅 /169
奇幻之旅 /180　文化之旅 /190

第四季　Season 4　　201

潮乐之城 /202　美食之趣 /213
旅家之选 /223　尚新之城 /233

第一季 / Season 1

第一章 / 想象

每年的金秋10月都是旅游的旺季。秋高气爽，人的精神仿佛也为之振奋，就想远行；远方的人也一样，我们的出发点，正是无数游客的终点。上海如今也是全球热门的旅游胜地。每年的金秋时节，上海总会沉浸在全球游客欢声笑语的海洋里。连续举办28年的上海旅游节，不仅成为城市庆典的标志，更像是上海打开自己的心扉，迎接一拨又一拨远方的朋友。

可是，都市人常常只思念远方，却忘了悉心凝视我们脚下这片日新月异的土地，或许是离得实在太近，只缘身在此山中，反而有点看不清。2010年上海世界博览会的狂欢之后，我们已经太久没有好好亲近上海、感受上海了。国际都市生活匆忙的脚步遮蔽了我们的感官，让我

上海 >

们来不及发现这座城市细腻的新变化。我们脚下的这座城市，是当今中国最发达的滨海大都市，代表着中国城市化进程的前进方向。如同全球所有伟大的城市，这里的每一条道路，每一个街角都能激发起人们无限的诗情与创造力。在这里旅行，你必须充满想象力。

今天，我们故事中的几位主人公，正是有着卓越想象力的人：他们有的来自外国，有的来自外省市，他们都是新上海人。他们眼中的上海，或许，会让你大吃一惊。

| 一 |

人的行走是为了觅食，当行走成为仪式，就叫做"旅行"。在现代旅行中，觅食并不是为了果腹，而是为了体验异域文化。每一个到达上海的旅行者都不会放过上海特有的美食，但今天的这群游客要去吃的，却不是普通的海派料理。傍晚六点，十位游客在"外滩18号"聚集。他们彼此互不相识，甚至语言不通，他们正要搭上同一辆车，落日余晖把他们领入一次夜幕与美食的化学反应中。

晚上七点一刻，游客被专车带到了餐厅。这群外国游客已经在夜幕中绕晕了，搞不清自己究竟身在这座都市的哪个角落。这是全球第一间感官餐厅，从没对外公布地址，墙面设计成360度环形荧幕。为配合每一道料理上桌，四周的环境都会发生变化，音乐和室内香芬都不相同。从餐厅自行研发的订位系统来看，三个月内订位全满。这一趟全城最神秘的晚餐，已是全球游客到上海旅行的必备体验。诸多媒体报道，这是近年全球最为风靡的一种美食——"分子料理"，米其林三星名厨Paul则强调是"前卫料理"。

Paul（保罗）来自法国，2005年搬来上海居住，他创造了这家全世界独一无二的感官餐厅。对于上海，他最强烈的印象就是这座城市的力量，从空气中你听得到这股力量的声音，永不停歇，异常忙碌。Paul说，无论是从事设计，还是展现创意，只要正确地执

<Paul

分子料理>

行，就能在上海做很多新的事情，甚至比在世界上其他城市里能做的还要多。

下午三点，Paul带领25人的后厨团队开始工作，为10位客人备餐，直到晚餐结束，整个过程持续约7小时。用注射器、激光枪、液态氮等科学实验器材取代锅铲刀勺等厨具，改变食物原有的视觉形态，让食材产生奇妙的化学反应。

"鹅肝香烟难戒"，这道菜名是Paul 2007年的作品。主题很简单，从名字就看得出来。他做了一根烟卷，内有鹅肝；要"吃"这根"香烟"，正好与抽烟的顺序颠倒，要用香烟沾点烟灰。在上菜前的最后时刻才将鹅肝慕斯挤入针筒里。上菜前，快速地把香烟浸入液态氮，液态氮的低温可以使鹅肝变得更加爽脆。

年少的Paul在法国主修科学及理科。但这并不是成为主厨的首要条件。他成为主厨其实比许多法国厨师晚。普通厨师大概14岁左右就开始学习烹饪，而Paul大约20岁才开始，到现在将近30年了。其实，背景并不重要，重要的是你的热情、兴趣、韧性，以及让这股热情有增无减的能力。大部分对这份工作有热情的人，都很热衷"发现新事物"。

目前全球最红的料理被这位法国人移植到上海，配合全感官的用餐体验，在这座城市的土壤中培育出了一朵吸引全球游客的七色花。

Paul介绍道："上菜时会有双重气味，餐室里已有土地的气息，客人品尝之前，又会闻到一点雪茄香味，不会很浓，因为菜里有很多的奶油，而奶油会把烟雾固定住。如果你要看什么是完美，就看这个——雪茄烟雾。等到菜被送入餐室时，盖在里面的烟雾会穿透这个泡沫，再加上餐室内的气味投放器会散发土地的香味，在这双重气味的衬托下，这道菜极富林地风味。呈现给客人时，不会有太强的烟味，只会让他们快速地闻香，如此大脑开始感觉这道菜，然后才真正地品尝。就这样简单。"

全球第一间感官餐厅运营两年后，22道料理全部更新了一次。就在这间Paul的私人实验室里，他探索出食材与食材碰撞的N种可能性。他为此长留上海，用想象力进行着全球独一无二的实验。他说这座城市召唤着人们的好奇心，可以给他无限的灵感。我们并不知道，他的实验新品何时才能上桌。也许就在不久的一个夜晚，当夜色再一次调和美味，催生出一种全新的口感，这位背井离乡的法国人，也将又一次完成他与"魔都"上海最完美的化学反应。

/ 二 /

  自古，移民城市往往积聚了更多的智慧与创造力。上海是中国典型的移民城市，要想在这片土地上有所作为，必须技高一筹。近代上海是冒险家的乐园，遍地是黄金，而当代新上海的摩登、神奇、时尚、新潮交汇成一种神秘的吸引力，更让人趋之若鹜，就连 Paul 这位法国人也甘愿离开全球的"时尚心脏"——法国巴黎，前来上海，开拓他的"新冒险王国"。

  上海最摩登的地标，非陆家嘴莫属，陆家嘴是每一位到达上海的游客一定不会错过的景点。明永乐年间，黄浦江水系形成，江水自南向北与吴淞江相汇后，折向东流，在东岸形成一块嘴状的冲积沙滩。明代翰林院学士陆深，生卒于此，所以这块滩地被命名为"陆家嘴"。陆家嘴聚集了上海最重要的景点地标：东方明珠、金茂大厦等；环球金融中心的高度纪录已被新落成的上海中心刷新；现代的城市经典建筑与外滩万国建筑博览群隔江相望。这里又被称为东方华尔街，多家外资金融机构、银行总部都在陆家嘴办公。

  经过一夜的沉寂，陆家嘴金融区重新迎来清晨上班的白领，城市又一天的光合作用开始了。陆家嘴金融城的白领来自全球各地，他们是这片金融森林向城市输出的氧细胞。

  苏宁是一位标准的"陆家嘴人"，一位陆家嘴金领。他是某国字号银行位于上海陆家嘴总部的总经理，也是一位新上海人。1996年毕业后在北京工作，他当时的生活状态就是家和单位两点一线。1999年，他加入了北京的一个户外俱乐部，从那以后，生活就发生了很大的变化。那一年夏天，他基本没有在北京的家里过周末，因为周末的时候，他都在北京的山里面宿营。周末的郊游生活唤起了苏宁要将旅行融入生活的想法。后来,他被公派去了香港,再调来上海,殷实的收入足以支撑他在上海购房安家、娶妻生子,而始终热爱旅行的他却选择了一种"超前"的生活方式。在朋友们看来,他太有想象力了:周一到周五,他是金融城区的高级金领;周末就做一位农民。他在上海郊区租了房、租了地,打造了自己的"私家度假小屋"。

苏宁与房东签下10年合约,正式租下这间带院子的青浦农民房。租金是一年3000元人民币,所有听到这个价钱的人都以为自己听错了。他在家门口另外租下了40亩土地,种上稻子,等着秋天收获新米。原本满是荒草的院子,修整得很干净,苏宁打算以后再铺上一些草皮。院子里的几棵梨树已经开始结果了,橘子树也开花了,还有几株向日葵。

苏宁耕种稻田 | 收获新稻

青浦是苏宁经过多番比较,最后选定的周末落脚点。青浦历史悠久,是上海古文明的发源地。六千年来,这片土地孕育了崧泽遗址、唐塔宋桥等一大批名胜古迹。而烟波浩渺、水天一色的淀山湖风景区,正好满足了他对帆船和皮划艇运动的热爱。

近几年,环绕淀山湖开设的诸多帆船和划艇俱乐部在上海的城市白领圈悄然流行,周末体验水上项目成了上海白领圈最时髦的度假休闲方式。淀山湖离市区很近,空气、水质都很不错。蓝天、白云，和在城市里是完全不一样的感觉，仿佛离开熙熙攘攘、匆匆忙忙的生活，来到了另一个世界。微风吹拂，在船上飘荡，或是乘风破浪、勇往直前，都是非常美好的体验。

帆船>

<帆船俱乐部

玩帆船，是苏宁减压的另一种方式。一年中的第一第二季度是苏宁工作最忙的时候，常常要加班到很晚，甚至连轴转。所以，只要周末不加班，或者周末稍微有点空，他都会到淀山湖上来玩玩帆船，放松一下。

10月，上海的初秋，清晨七点的淀山湖尚有一丝凉意，苏宁独自驾着自己的帆船出发了。他在香港的时候买过一艘帆船，来上海工作后又重新买了一艘，平时就寄存在淀山湖畔的帆船俱乐部里。他的私人度假小屋紧挨着淀山湖，平时耕地种稻，干农活干累了，就去湖上放松一把。

苏宁分享道："坐在船上，把上舵的那一刻，会感觉到一种激情，尤其是在有风或者是有浪的时候，你会觉得，是在与浪搏斗。正常情况下都能赢，当然有的时候会被浪打得很狼狈，但是最后都能回到港口。在经历了这些风浪之后，回来的这种感觉是非常好的。"

苏宁经常招呼朋友来这座带着院子和田地的郊外小屋度周末。这是上海白领的惬意生活，将一周紧张的生存压力稀释在郊外清新香甜的空气中。晚餐后，他们带上新鲜蔬果，回到市区，准备投入新一周的都市职场。每一天的太阳都是原来的那一轮，而每一天的晨曦却会因为各人的心情而不同，你看到的是你内心折射在这座城市天空的色彩。城市从不缺乏想象，只要你有自己的翅膀。

苏宁的双模式生活——城市森林模式和郊外度假模式，仿佛上海的缩影。这座城市既有快节奏的国际步伐，也不乏慢生活的乡间野趣。城市的多元气质造就了独特的生活方式。

/ 三 /

据我们了解，通过微博微信的传播，苏宁的生活方式已经吸引了他朋友圈大批年轻人的追随。他在青浦租的40亩地每年都会收获丰硕的稻子，这些地完全不施农药，收割的大米又糯又香，是苏宁朋友圈的抢手之物。今年，他还在稻田里养了鸭子，小小的有机生态圈让他的稻子越长越好，他的周末生活也越来越健康、丰富。

很多人都有回归都市田园生活的愿望，可也许我们没有苏宁的精力，没有他坚定的执行力，所以我们周围似乎也只有他将梦想真正变成了现实。但接下来的这两位人物，就离我们的生活更近了：他们都是媒体人，无论主职工作还是兼职工作，都是为公众采撷城市中容易被人忽略的细节之美。

张解之,来自上海旅游地图编辑部;陈小怪,是火遍申城的微信订阅号"周末做啥"的后台神秘写手,他们都发现了你从未见过的上海。

张解之,上海旅游地图的副主编,负责每年四期旅游地图的编辑工作。地图上标注了上海大大小小的景点、酒店,游客可以在全市部分旅游咨询服务中心和主要酒店的礼宾部、重要景点,免费领取。十几年如一日的工作,让她成为朋友圈里名副其实的"上海通"。

每一期旅游地图都会以小专题的形式进行主题推荐。这一期推荐酒店。即便张解之对沪上特色酒店如数家珍,她还是坚持出稿前亲自去实地采访,将最新的信息一一核实。思南公馆入选了这一期酒店推荐专辑的理由是黄金地段景区性价比最高的下午茶。

思南公馆是上海市中心唯一一个成片保留花园洋房的著名景点,内设精品酒店、酒店式公寓、企业公馆和商业区。整整51栋历史悠久的老洋房,好似一个近代居住类建筑的博物

思南公馆组图

馆，与上海海纳百川的文化特质相得益彰。这里与淮海路沿线的百年经典建筑、名人故居交相辉映，成为上海市中心集人文、历史和时尚底蕴于一身，最具特色的风景。

张解之之前来品尝思南公馆的下午茶时，一直都很喜欢松饼。松饼是典型的传统下午茶饮食里的点心。一份鹅肝，单配牛肉，淋一些红酒汁，这是下午茶当中比较高端的一个组合。张解之觉得味道相当不错，性价比非常高。

华尔道夫酒店也入选了张解之策划的酒店专辑。上海人都知道这栋大楼的传奇，它的前身是20世纪20年代的上海

思南公馆下午茶

总会，是当年租界上流社会最奢华的社交场所。东风饭店撤出之后，这栋地理位置绝佳的建筑竟然空关了整整15年，才迎来它的下一任主人——华尔道夫酒店。酒店完美结合了外滩闻名遐迩的历史沧桑与21世纪的都市繁华，温和的阳光透过穹顶玻璃洒进大堂，让云白色的墙柱愈发典雅，欧式的透明水晶吊灯如朵朵绽放的花朵。不过，最引人入胜的莫过于已有一百年历史的地砖和上海至今唯一仍在使用的三角形电梯。华尔道夫酒店有着外滩临江酒店中与黄浦江直线距离最近的景观套房，立于窗口，岸堤上中外游客近在咫尺；温馨的家居设计，让入住的客人犹如坐在自家客厅，坐拥外滩景致。

华尔道夫酒店的穹顶

在许多人的印象中,一座城市的官方旅游地图所标注的,常常是众所周知的城市地标性景点,可能会比较传统,所以在地图四角处的小专辑版面上,编辑团队会更花心思去挖掘这座城市中新型、独特的游乐地点。作为"上海通"的张解之,她早就耳闻现在满城的年轻人都热衷于去玩一个叫做"密室逃脱"的游戏。短短一两年间,申城遍地是"密室"。到底是怎样神秘的场所这么吸引年轻人?

跟随张解之对密室工作人员的采访,我们了解到每个密室都有它的特点。比如有的密室以解题类为主,又分为不同的主题,每个主题都有不同的故事情节。当玩家进去的时候,就相当于走进了一部电视剧或电影里面,身临其境地进行角色扮演的游戏。

就在张解之为旅游地图的推荐专辑奔忙采访的时候,上海的另一位年轻人也在做着同样的事,而他并非来自任何官方媒体。陈小怪,知名微信订阅号"周末做啥"的创始人。这个订阅号旨在推荐上海游乐景点与热门活动,已成了申城景点地标、文娱活动的指南针。年轻人愿意跟着小怪的指南吃喝玩乐,因为他本身就够年轻,他用自己年轻而不失狡黠的眼光捕捉到城市闪光的点点滴滴，传递给无数与他有着同样热情的年轻朋友。更难能可贵的是，这不过只是他的副职，闲暇时间才发发文章。对于风投频频的橄榄枝，小怪大呼"招架不住"。风投看中的是这些精准的粉丝背后强大的消费力，而小怪只想做一片自己的"自留地"，就像他跟我们说起他做这个订阅号的初衷——"很多男孩子都不知道周末和女朋友约会去干嘛，我就是写给他们看看而已"。

没有任何媒体经验，没有任何官方资源，小怪的成功代表着这座城市年轻因子的活力。小怪自称从小就是个对新鲜事物有着旺盛热情的孩子，好奇心极重，没事就爱缠着别人问东问西。工作也不安分，毕业没几年就换了七八份工作，从事过多个行业，化妆品、家具、广告公关、医药推销。这份好奇心成了做出这个订阅号的原动力。别看这只是他的副职，每篇订阅号的文章发布前，他起码要读上二十遍，确认没有错别字，时常为一个标题纠结整整四个小时。每天晚上，他都要花上至少两个小时在后台看回复并和粉丝互动。为了做好这个订阅号，他发布的每篇推荐文章里所涉及的场地，他全都实地采访过。一个周末从上海的最东面跑到最西面，对小怪而言是十分平常的事情。

在玩转上海"顶级酒店"的这期订阅号文章中，小怪将浦东盛高假日酒店的这个24层楼高的泳池称为"全上海游泳最酷的地方"。推荐这家酒店的理由，就是因为这个想象力卓越的游泳池。这家酒店本身并非度假类，而是商务型酒店，但正因这个全国独一无二的泳池，使得不少国内外

浦东盛高假日酒店的泳池

游客慕名前来体验畅游于空中的刺激感受。

小怪所推荐的另一座特色酒店，是浦东国金中心的丽思卡尔顿。推荐理由是位于酒店的58层、全国最高的露台——Flair露台。坐在这里，可以看到东方明珠。这应该是离东方明珠最近的一个露台了。因为绝佳的视野，这里频频成为各大影视作品的取景地。

每一座城市都有着自己特殊的文化品格和精神气质，从昔日的工业之都到今日的金融之都，到未来的创意之都，上海的光速变化，全球瞩目。昔日工业城市的遗存建筑极富想象力地转型为

<Flair露台

1933老场坊>

一座座的创意园区。谁敢相信1933老场坊这座时尚地标曾是远东第一屠宰场，而充满艺术气息的M50创意园区，其前身是一座毛纺织厂。想象力成就了一座全新的城市，想象力更激活了城市体内最鲜活的细胞——年轻人。无论是传统媒体还是依托于互联网的新兴自媒体，城市里的年轻基因永远是想象力的源泉。不管城市被高楼、街区、林荫大道和霓虹装饰得多么美轮美奂，城市最可亲的一面仍然是年轻人的生命力，他们全身长满敏感的触角，将幻象点石成金。

/ 四 /

让我们把视线转到另一位主人公身上。他叫彭飞，是一位旅游达人，热衷于探索最时尚最前卫的旅行方式，最擅长组织有特色的"主题线路"，这些线路都是在旅行社、旅游网站找不到的。他曾在网络上策划召集了"法兰西，女人化蝶之旅""跟着电影游布拉格"等吸引年轻人的主题线路。在彭飞看来，只有具备了充分的想象力，才能去做进一步的资源整合，才能真正为顾客定制使他们更开心的旅程。

如今，自由行已经不再是年轻人城市旅行的首选方式，他们想要比自由更自由。今天，彭飞领着一行七位朋友，开启了一趟两天一夜的上海租车自驾之旅。在网站上提前选订自己要的车型，填好个人信息，预约付款，提车后直接踏上自助式的旅程。一群年轻人此行要去体验崭新的徐汇滨江风景，在汽车电影院看一场大片，感受崇明岛的生态农业。两天一夜的行程，从徐汇滨江畔的龙美术馆出发了。

为配合2010年上海世博会的环境建设，2008年初，上海启动包括世博会场在内的"黄浦江两岸综合开发计划"。以此为契机，昔日那片被称为"烂泥湾"的徐汇滨江地区开始"变身之旅"。对游客来说，如今的徐汇滨江已是上海不能不去的第二片外滩。

自驾游不仅仅是下了车逛景点，这一趟的自驾行程有一部分是在车上完成的。在汽车影城的体验中，车不再只是简单的交通工具，将调频调到影院频率，座驾马上变成了私人包厢。

车队在第一天晚间抵达崇明。长江隧桥开通后，从上海市区去崇明岛再也无须坐船，一个多小时车程就到了。组织人彭飞为游客们安排入住岛上新开业的五星级酒店——上海崇明金茂凯悦酒店。酒店主打崇明特色美食，这是上海目前唯一一家可以带宠物入住的五星级酒店，家有宠物的游客们可以放心携带宠物去崇明旅行。

崇明岛地处长江口，是中国第三大岛，是世界上最大的河口冲积岛、最大的沙岛。崇明岛水洁风清，到处都是未经人工斧凿的自然风光。到崇明不可错过的是在东滩湿地看候鸟迁徙，到西沙湿地拍落日晚霞，而泰生农场这样的新兴有机生态农庄预示着崇明的明天，将更为心怀土地，尊重自然。

/ 五 /

上海，这座昔日有着"东方巴黎"之称的远东城市，已无须再冠此名，她不再因为与任何一座世界名都相像而成为其东方的倒映。改革开放四十年来，她以恢宏的建设缔造出中国式的神话。现在，她就是上海，是自己，是东方的明珠。她将国际一流的超级现代完美融合于市郊田园的诗意恬静，她以丰富的想象征服和感染每一个

自驾游

崇明岛

路人。在钢筋水泥和有机玻璃间歇折射的幻象中,有一种节奏,像心跳一样,从容地起搏,成为这座城市永恒律动的脉搏。这是前卫、高效、新潮的城市法则,是一种被命名为"上海"的生活范儿和旅行观。

历史孕育了文明,时光雕刻了城市,上海是中国时代发展的一个精美的缩影,她一直以其独特的城市气质吸引着世界各地的人们。在广阔无垠的声光影像中,上海将以更为炽热的姿态敞开。岁月洗练后的永恒经典,国际大都市的新锐时尚,亦中亦西、亦古亦今、新旧完美融合的城市风情和海纳百川的城市精神,将让上海成为全球最具特色的文化城市。由上海市旅游局和上海文广互动电视有限公司(SiTV)共同出品的"发现新上海"系列纪录片还在继续谱写,又会有无数城市人被收纳进我们的镜头。

第二章

斑斓

　　色彩，是全球的每一座城市带给游客的第一视觉印象，是城市的服饰，也是妆容。城市色彩，铭刻着城市记忆，折射着时代光芒，彰显着市民品位。巴黎，全球浪漫之都，是奶酪般的米黄。罗马，以橙黄与橙红来诠释不朽的尊荣。中国，疆域辽阔，首都北京是"金瓦红墙"的皇城范儿；徽州，则是青山绿水环抱中粉墙黛瓦的水墨诗意。

　　唯有上海。很难给上海定位明确的色彩基调，古今中西的文化在这颗东方明珠的激情对碰

斑斓的上海 >

与求变相融中,造就出了她极为丰富的城市景观与人文环境。沧桑的外滩、新锐的浦东、喧闹的城隍庙、时尚的新天地……上海是什么颜色?上海在每一个人心中的颜色都不相同,但游客永远不难在这里找到那一抹让自己感觉舒适的色彩,这是上海包容性的魅力所在。

| 一 |

四季上海,千秋各具。秋季到上海旅行,游客将会赶上本城一年中最为丰盛的文艺盛事——上海国际艺术节。这是全国最高规格的对外文化交流活动之一,自1999年起,每年金秋10月到11月固定举办一届。艺术节期间,游客们可以心情随这座城市一同跌入一个文艺的海洋。

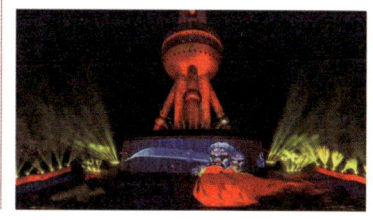

七彩灯光秀

2014年10月18日晚上7点,第十五届上海国际艺术节拉开帷幕,东方明珠脚下的这座露天广场,变身成为一个七彩灯光秀的演出舞台。初秋,迷人的暮色是舞台的天然巨幕,而上海的城市标志——东方明珠电视塔,此刻正以全身不断变换的"肤色"来拼命配合这台演出,成为申城最大牌的一尊"戏用道具"。

2014年,正逢东方明珠建塔20周年,东方明珠承载着

"传播城市文化,打造城市品牌"的使命。艺术节期间,东方明珠用这样一台炫丽、大器,免费面向公众、与游客互动的灯光秀充分诠释了自我。东方明珠不仅是上海的城市地标和文化符号,更是城市的一员。它像一棵华美的圣诞树,可以不停地往上挂装饰。除明珠

< 旋转餐厅

全透明观光环廊 >

塔身内全亚洲最高的旋转餐厅、城市历史发展陈列馆、全透明观光环廊、"太空舱"观光层、室内过山车、5D电影院等游乐亮点之外,东方明珠在2014年还新增了可口可乐欢乐餐厅等新兴游乐设施。

  东方明珠脚下,零距离直面如此众多的中外游客与本地市民,侯捷倍感压力,因为他调度得了灯光,调度不了天公。侯捷是这次灯光秀的总导演,作为上海东方卫视中心的大型晚会导演,他工作16年,有着100多台晚会的指挥经验和出色的实战能力。

  演出预案几次三番修改,精心打磨,反复论证,设计方案几度推倒重来。终于,视频部分在一个多月的时间内抢工完成。演出进入实地测试阶段,侯捷带领一支近百人的工作

"太空舱"观光层 | 可口可乐欢乐餐厅

团队,每晚十点,等东方明珠正常的接待任务全部结束后才开工。

在舞台头一次搭建的时候,侯捷及其团队就碰到了台风。这给舞台搭建造成了很大的问题。因为投影的屏幕很薄,大风来的时候,幕布不停地被吹起,而他们将影像投在幕布上的测试时间只有三天,但是三天都在刮大风、下大雨。当时他们很担心,因为第四天就要上映,如果前面的测试做不好,就会影响后面的进度。

夜深人静,工作组在露天广场测试到凌晨四五点。城市入眠了,他们还醒着。空旷的广场使声音传得很远,为了不影响居民休息,工作组就把测试音量调到最低。十月底的申城其实并不寒冷,但因为困的时候人特别怕冷,又逢寒露深重,剧组在凌晨作业时都穿起了羽绒服。

演出到第五天的时候,下起了大雨。芭蕾舞演员要表演的地方全都是水,如果上场表演,芭蕾舞演员很可能会滑倒摔跤,但这一段表演是演出非常精彩的一部分,如果取消就很可惜。经过侯捷工作团队内部以及与东方明珠方面的紧急商议,他们铺上了红地毯,所有的工作人员跪在地上,把水全部吸干,最终保证了芭蕾舞的演出。

这段芭蕾舞表演是整个七彩灯光秀中最出色,也最令游客、观众津津乐道的一场演出。一位身着洁白舞裙的芭蕾天使，从屏幕中逐级走下，在一束追光中出现在舞台正中。芭蕾，这种昔日只存于剧院殿堂的高冷的艺术形式，主动亲近大众，与游人共谱艺术乐章。

芭蕾舞表演

20世纪80年代起，曾有"远东不夜城"之称的上海开始大规模建设景观灯光。今日的世界，早已进入一个多媒体影像的时代；今日的上海，用一场又一场炫丽、斑斓、缤纷的多媒体影像灯光秀在城市寻常的夜幕中涂下浓墨重彩，为景点增色，为游客助兴。

|二|

高手大隐于市，城市永远是藏龙卧虎的地方。位于上海普陀区的莫干山路，藏有上海唯一一面合法的涂鸦墙。近日，一位罗马尼亚涂鸦艺术大师的作品一夜之间悄然跃迹墙面，隐身一众涂鸦作品中，若不是高人指引，不明所以的市民与游客断然难以将它同普通涂鸦作品区分开来。

William（威廉），上海知名涂鸦艺术家，全国鲜有的可以靠涂鸦手艺养活自己、养活团队，将爱好经营成事业的画家。他为我们介绍了这位罗马尼亚涂鸦艺术大师的作品："可以看到,这幅作品由很多的立体几何构成,用一个抽象的图案来讲述生命诞生的过程。他通过把一个基本的构图分割成不同段,由不同的外形来构成,里边用一些立体的几何元素来做填充。看,这是一个人形的两只脚,然后到中间是身体。这幅画其实是表示DNA的双螺旋,可以看到这是一个新生命。诞生的时候,他会怀着很多对地球的美好的憧憬,所以里面画有一些动物和植物。再往前,说明了生命从黑白到彩色的过程。他融合了中国阴阳的概念,并通过一个抽象的形状,即插头和插座之间的关系,来表达生命诞生的过程。整个作品,既有一个完整的主题,又刚好与他自己的风格结合了起来。"

莫干山路涂鸦墙上大部分的画作都是涂鸦艺术的初级作品,一种带着嘻哈风的字母变形。在涂鸦艺术家眼中,这样的创作内容仅限于反复用变形的字母画下自己的名字,它们并不高明,不是城市涂鸦艺术的精髓。

William介绍罗马尼亚涂鸦艺术大师的作品

William原来是一名汽车零件工程师,但20世纪80年代的一次德国之行彻底改变了他的人生方向。他深深震撼于柏林墙上各种画派的涂鸦作品。那一整面墙就像是现代美术的教科书,各种风格、各种流派,沿着那面墙慢慢地走,可以感受到一种强烈的视觉冲击力。William感叹原来有这么多这么美的东西存在，有一些看似不可能的事情，最终却能发生。他希望自己能有不同的活法，希望自己也可以做到。于是，回国后，他毅然放弃了自己高收入的工作，投身这一泓色彩的海洋。

那个时候，他一般都是半夜出去，和几个有相同爱好的伙伴一起，找一些建筑的角落或拆迁房，练习怎么用喷漆画画。当时条件没现在这么好，他们涂鸦所用的是工业喷漆，并不是美术用品，毒性、覆盖率等方面都有很大的问题。

经过多年的专业锤炼，William和他的团队在涂鸦圈逐渐声名鹊起。近年，他的工作室接下诸如世博园区、地铁站、大学路和各种创意园区的城市外墙的涂鸦创作项目，从深夜的街头涂鸦少年，转型成为一名专业的城市美颜师。

在涂鸦创作现场，William和他的团队戴好防毒面具，登上升降机。他们先根据整个设计在墙面上定下几条基准线，然后在基准线的基础上将一个个元素一一对应上

William团队的工作场景

重庆黄桷坪

去，打下草稿。

画画的工具，也就是喷漆，有两种，分为细喷头和粗喷头。打草稿用的是粗喷头，因为不需要很准确，只要在一个范围内。到最后填色以及做一些细节效果的时候，要用细喷头来画。涂鸦的时候，通过控制距离、角度、速度，来实现想要的画面效果。

涂鸦街越来越成为国内外各大城市推进创意文化产业的一项创新举措。重庆的黄桷坪因为有中国第一条以涂鸦艺术为整体风格的涂鸦街，而成为重庆旅游的一大吸引力。虽然城市涂鸦一度给人自由散漫、不受约束的感觉，但也有很多时候，城市涂鸦频频出现在一些以严谨认真、规矩刻板而闻名的城市，像德国的柏林、瑞士的日内瓦以及日本的名古屋等，这些城市令人意想不到地以开放包容的态度给予城市涂鸦文化自由生长的空间。城市严肃的印象与涂鸦活泼的个性形成了强烈的对比，也让游人对城市增添了另类的好感。

/ 三 /

一座城市颜色最丰富的内脏一定是美术馆。上海城中最著名的美术馆莫过于标志性的红色建筑——曾被誉为"东方之冠"的世博中国国家馆。现在，它的名字叫做"中华艺术宫"。中华艺术宫的外形是一个繁体的"华"字，东方红更是突显炎黄子孙对祖国的热爱。艺术宫总展示面积为6.4万平方米，在规模上接近美国大都会博物馆、法国奥赛博物馆、英国泰特美术馆等国际著名艺术博物馆的水平。在目前1.4万件馆藏品的基础上，中华艺术宫不断完善中国近现代美术史系列等藏品体系。

上海当代艺术博物馆收藏、展示和陈列20世纪80年代以来的中国当代艺术作品，最重要的是，上海双年展移师此地。上海双年展自1996年创办以来,已举办了11届。第十届上海双年展的主题为"社会工厂",旨在探究"社会性"的生产特点和"社会事实"的组成要素。

自2012年10月1日起,中华艺术宫和当代艺术博物馆两座建筑同时开馆,一红一黑,隔江而望,黄浦江

上海当代艺术博物馆>

< 中华艺术宫

< 黄浦江两岸的博物馆群落

两岸崛起了一个崭新的博物馆群落。两馆的开馆,使上海艺术博物馆的系列形成完整的格局:上海博物馆展示古代艺术,中华艺术宫展示近现代艺术,当代艺术博物馆展示当代艺术。这就好比巴黎有卢浮宫、奥赛美术馆和蓬皮杜美术馆的差异性一样。成熟的美术、博物馆体系,将进一步丰富上海的文化形象,有利于上海迈入国际文化大都市的行列。

/ 四 /

沿着淮海中路一路向西，在最热闹的地段，向南一拐，就遇见了思南路。单行道，有着一份孤傲的气质，路两边的花园洋房风格迥异。思南路以它的幽静、高贵、典雅、淡然、清新，构成有别于淮海路的另一层城市肌理。这一条以法国作曲家儒勒·马斯奈姓名音译命名的法派马路，一贯是淮海路的"后花园"，也是城市历史的活标本，藏匿在繁华的街道背后，以缓慢的步调叙述着老上海的历史与悠悠岁月里的点滴故事。

当夜色收去所有的喧哗，花园洋房留下优美曲折的轮廓，百叶窗里流泻出来的灯光洒在寂静的马路上，思南路像一位历经沧桑的上海老克勒享受起海派的夜生活。

调酒师Kimmy(吉米)工作的小酒吧位于思南路淮海路的路口，这家店被网友誉为拥有"全上海最好吃"的甜品和鸡尾酒。就在这间慕名者络绎不绝的小酒吧内，Kimmy每晚调制着城市的色彩。夜幕是他的壁纸，酒杯是他的调色盘，访客的心情与城市的霓虹是他的颜料。他调制的色彩是有味道的，时而香甜，时而苦涩，如同这座城市的浮沉，也如同生活。

思南路的花园洋房

Kimmy 调制的鸡尾酒

这几年,Kimmy 一直都是晚上上班,有时候上到凌晨五六点,下班的时候可能太阳已经出来了,天都亮了,别人都去上班了,他才回家休息,节奏和别人是完全颠倒的。

对于 Kimmy 来说,上海的颜色是分层的。他工作的时间段是在晚上,是大家都开始夜生活的时候,所以看到马路上车来车往、霓虹闪烁,各种各样的颜色都有,每一种颜色外面又包裹了一层荧光。到了 Kimmy 下班的时间,已经是凌晨的时刻,一切又恢复了宁静。马路上车很少,人也很少,这种感觉又有点像黎明前的那种蓝色。

城市在眼前这位色彩制造者的眼中,呈现出纷丽的面目。思南路的日与夜,如同这座城市的前世与今生的缩影,在这一杯鸡尾酒中,残余着昔日法式殖民地的余味、红色政权奋斗的高歌,亦不乏今日魔都摩登白领的都市夜戏。

| 五 |

上海,地处温带,四季风光各不同。春日上海——草长莺飞,桃红柳绿;夏日上海——映日荷花别样红;秋日上海——清风蝉鸣,蛙声一片;冬日上海——金菊傲霜雪。

四季上海,游客们与大自然最亲密的接触就是郊外采摘。青浦赵屯的草莓、嘉定马陆的葡萄、南汇的水蜜桃、长兴岛的橘子是上海四季采摘的知名特色。如果仅仅为了品尝，去水果店买也是一样的，但越来越多的游客希望从亲自动手采摘中得到游玩的深度乐趣。采摘游结合农家乐，各种郊县果园让游客在采果、赏果、品果的同时体验到郊外的别样风情。

秋日的长兴岛，满目金黄，硕果累累。橘子这种水果的收成分大小年，从今年果园的面貌来看，橘农无疑是遇上了大年中的大年。陈师傅今年八十有加，寻常的耄耋老人早已在家儿孙绕膝、安享晚年，而他却仍然坚守在耕耘的第一线。

陈师傅祖籍在浙江黄岩——中国著名的蜜橘故乡，从小跟着家人种橘子。他笑称自己傍橘而生，倚橘而眠，栽橘为业。20世纪70年代的长兴岛被农业专家论证为绝对种不活橘子，而陈师傅就是在这长兴岛上种活橘子的第一人。深秋的傍晚五点，日薄西山，夕阳在暮色中用最后的红焰照耀着长兴岛。陈师傅巡视完橘园已是天色全暗，他记录下橘树的数据，任何细微的变化，哪怕一片树叶的变化。他用了整整一生的时间做了一件事，那就是照顾这些树，等着一年又一年的丰收。

< 陈师傅和他的橘子

长兴岛的暮色 >

六

20世纪七八十年代是一个服饰缺乏色彩的年代,人们不敢大胆地以色彩来表现自己,而如今,市民、公众的服装从款式到颜色都越来越多元,相比于改革开放之前、计划经济时期,满街都呈现百花齐放的风景。

前卫、时髦、新锐,上海在色彩顾问张沂清的眼中,蒙着一层属于未来的颜色。色彩顾问、私人陪逛咨询师,3小时收费2000元:在这座国际大都市悄然兴起的新型职业,正在默默地改变这座城市的生活方式。

色彩顾问,另一个名字其实就是形象顾问。色彩顾问及色彩咨询行业,早在1998年就被引入国内,算下来也有十几年的时间了,但似乎一直都高高在上,为一些VIP客人服务。但近年来,随着资讯的发达及国人生活水准日渐提高,旧时王谢堂前燕,也渐渐地飞入寻常百姓家了。

张沂清从事色彩顾问这个职业已经10年了。她觉得每个人的用色范围并不是我们平时认为的皮肤白和皮肤黑那么简单,皮肤白的人也不是穿什么都好看。每个人天生的发色、眼睛的颜色和肤色三者之间的关系决定了每个人的用色规律,这就是"个人色彩季型"。正是这"深、浅、冷、暖、净、

新天地

柔"决定了每个人的"个人色彩季型"。

今天,色彩顾问张老师和她的两位客人来逛的是这座城市最时髦的心脏——新天地。新天地是由来自美国和新加坡的设计师与同济大学的建筑学专家共同合作创作的城市景观杰作。这里保留了上海二三十年代清水砖墙的石库门建筑原貌,中老年人走进新天地会感受到浓浓的老上海怀旧气息,年轻人觉得很前卫,外国游客感觉到一种"中国韵味",外省市游客又觉得十分洋气,这就是这片带着红色基因的石库门地域所持有的神秘魅力。它是沪上最有休闲文化品位的消费场所。

新天地时尚二期与一期商场之间有天桥连接,聚集了大量个性化的设计师品牌小店。上海本地的女孩子最常去买衣服的小店大都聚集在长乐路、新乐路、巨鹿路、进贤路这一带。除非有指定的逛街地点,张老师更愿意把她的中外客人带来新天地,因为她觉得,这里就像她从事的这份新兴职业——私人色彩顾问一样,继承着上海精华的过去,引领着上海斑斓的未来。

第三章 声谱

生命中的许多时刻，由听觉所唤生的情感冲动尤在视觉之上。那些声音，与记忆相连，引爆神经，撩动心弦。这是人类至今未解的谜。黄浦江潮起潮落，浪尖的音符，唤醒一座城池。

| 一 |

20世纪20至40年代诞生于上海的流行金曲，曾是这座城市一代繁华的见证，这些优美动人的歌曲铸就了中国流行音乐的第一个绚丽高峰。短短20余年时间，一座城市引领了全国的音乐潮流。

2015年1月28日，由著名作曲家陈钢和主

海派文化纪念沙龙——克勒门

黄龄

持人阎华创办的海派文化纪念沙龙——克勒门,邀请了上海籍歌手黄龄,举办小型纪念会,纪念老上海金曲辉煌。

黄龄的举手投足颇有海派风情,她就像一个穿越时空的使者。很多人说黄龄的气质里有老上海的古典味道,她自己也是这么认为。在她小的时候,父母常常放三四十年代的歌曲,所以她的脑子里一直有这些老歌的音符涌出来。

"花样的年华,月样的精神,冰雪样的聪明,美丽的生活……"这首歌是陈歌辛的作品《花样的年华》,原唱是周璇。黄龄介绍道:"周璇声音特别尖,特别细,音区比我还要高,我模仿不来。我如果去模仿她就会很怪。我自己唱的时候,希望去找那种意境,也希望可以唱出自己的味道。"

一首首老歌在黄龄的重新演绎下还魂在新的时代中,更添魅力。《玫瑰玫瑰我爱你》这首歌是陈钢的父亲七十年前写的。当陈钢听了黄龄的演唱,他觉得很欣慰:"七十年后还有年轻人用她自己的方法来演绎这首歌,把它变成了一种海派文化的传承。"

老上海,仿佛不是上海的过去,而是今日上海一个重要的组成部分。游上海,寻觅老上海之魂是必修课。位于松江的国家3A级旅游景区上海影视乐园,是寻觅上海之魂的最佳去处,几乎所有上海题材的影视剧组都曾在这里留下足迹。

乘一乘有轨电车,逛一逛80年前的南京路,穿行在旧式的石库门里弄,伸手叫上一部黄包车。在这座20世纪30年代被喻为"东方好莱坞"的城市旧影中徜徉整整一个午后,追忆似水年华……

| 二 |

方言,是本城重要的声音组成。上海方言,汇聚了吴越江南文化的精粹,体现了多元交汇、海纳百川的上海精神,它与这座城市内所有有形的物质文明融合在一起,成为海派文化的重要根基。

在泰康路上,"王厂长"闻名遐迩,他在上海年轻人中拥有众多粉丝,多半还是因为他本城方言的rap(说唱)。王厂长,本名王昊,上海本土音乐人,高中时参加了一个家庭演唱大赛,得了金奖,受到鼓励的他在高中毕业时考入了上海音乐学院。2003年参加亚洲音乐节的亚洲新人歌手大赛,获

王厂长在rap

得中国赛区第一名，代表中国参加16国比赛，又获得亚洲第一名。

王厂长这个绰号，和上海话有很大的关系。以前有个国营企业叫"搪瓷七厂"，"搪瓷七厂"的上海话翻译成国语，是"荡住吃唱"。"荡住吃唱"，多么乐活的生活方式，王昊心想自己就做这个机构的厂长吧，于是他就成了"荡住吃唱"王厂长。

上海话是上海本土文化的重要根基，王昊把沪语融入各色表演中，用更加生活化的方式呈现，让作品更加接地气。比如"我心里很难过"这种表达，上海人不会用"难过"来描述，心里又难过又后悔，上海人会讲"窝塞"，"我老窝塞了"。

在王昊看来，最能代表上海声音的，就是走在上海的地标建筑上面或周围，你能听到的声音就是最上海的声音。虽然很多时候，越来越多的外来人口涌入、新上海人涌入，很多地方说的已经不是纯正的上海话了；但是，在上海的任何一个景点，你听到的描述上海这座城市的声音，就是属于上海的声音。

三

《哪吒闹海》《雪孩子》《黑猫警长》……20世纪七八十年代，由上海美术电影制片厂制作出品的这些知名动画片风靡全中国，伴随了一代人的成长。一位小演员的声音也随着这些动画人物走进千万普通人的童年。梁正晖谈及他的配音作品《哪吒闹海》，说他看哪吒自刎的那段都会流泪，无论是造型设计、台词设计还是音乐，都非常有感染力。他不禁感叹，那个时候真是黄金年代。他觉得，《哪吒闹海》是一段绵长的记忆，贯穿了好几代人，现在的孩子还会去看这部动画片，他的孩子也看，可能他孩子的孩子也会看。

1976年，尚在念初中的梁正晖开始参与配音工作。他曾参与了近20部美术片的配音工作，也是《成长的烦恼》中迈克的最后一任配音员。整整10年的配音工作让他在少年时代就能与当年上海配音界的大师级人物共事，那段经历成为他一生的财富。梁正晖回忆道："那个时候，他们的认真劲是你无法想象的，为了一个字眼，就是关系很好的同事也能吵到面红耳赤。现在想想，其实是很浪漫的。"

上海电影博物馆的一号录音棚，还保留着上海电影配音事业最辉煌年代的设备原貌，无数优秀的动画片、译制片在当年都是用这些简陋的设备录制而成。如今，

< 《哪吒闹海》

配音员们 >

它们静静地躺在位于漕溪北路的电影博物馆内，供游客参观，被时间凝成一块时代的琥珀。

上海是中国电影的摇篮，译制片厂是上海电影的一个非常重要的组成部分。从50年代到八九十年代，一代又一代的译制片艺术家像一扇扇窗口，把当时世界各地的优秀影片，通过译制片厂的译介推广给中国的观众。中国的观众通过他们美丽动听的声音以及这些让人永生难忘的艺术形象认识了世界电影艺术的发展。这与上海作为国际化大都市、中西方文化前沿的城市地位是相关的，也只有上海才能扮演这样一

个角色。

上海电影博物馆动画长廊区，有一个给小朋友体验的展区，展示的是世界上第一部水墨动画《小蝌蚪找妈妈》。展区中间有很多气泡，参观者踩一下气泡，就会出现相应的交互画面，帮助小蝌蚪找到妈妈。

上海是中国电影的发祥地，是中国电影的半壁江山，也是华语电影的根脉所系。在中国电影百年发展史上，上海电影曾创造过辉煌的文化成就。上海电影博物馆分为四大主题展区，全面向游客呈现百年上海电影的魅力，生动演绎电影人、电影事和电影背后的故事，这是徐汇区打造的4A级都市旅游景点。

梳理上海这座城市的声音谱系，童自荣绝对是一个绕不过去的名字，他的声音是一个时代的典型符号。他曾为500多部国内电影配音，不管是为主角还是配角配音，他总能把握住角色在戏中的性格特征，使观众不仅能从视觉上看角色，还能通过听觉去认识角色。在他配过的众多人物中，他的处女作《佐罗》是最为观众所熟知的。

上海电影博物馆

在配音的童自荣

童自荣在给《佐罗》配音时，通过换鞋子来找不同的感觉。他要求导演让他早上录佐罗，因为早上的时候，他的嗓子下得去低音。再穿上一双车间劳动的皮底的鞋，因为穿上很重的鞋再说佐罗的台词，好像那种分量就出来了。下午换上最轻的拖鞋，录假总督。其他的配音演员不会这样做，但对他来说，这样对配音有一些效果。

在《玩具总动员》里，童自荣配的是胡迪警长。他回忆起第三集里有一场戏，动情地说道："那些动物、朋友暂时不理解我，都不愿意和我接近。我理解他们，我想我主动地走开，等着将来他们会发现我的心肠。我还是很好的，我还是愿意跟他们在一起工作、生活。有一个傻里傻气的玩具，就是一头驴子。胡迪转身走了，他也跟过来。那一瞬间，画面和台词都让我很感动，我真是含着眼泪跟它说：你不要跟我走啊，你应当跟他们在一起，我相信将来我们还会很快活地在一起生活。"对于配音演员来说，这样的感情戏配得很过瘾。

随着时代的变化，译制片的配音工作逐渐退出了历史舞台，现在的观众已经非常习惯在影院享受原版进口大片。上

上海欢乐谷

海的配音界也渐渐地陷入人才稀缺的窘境。今天，童自荣来到同为专业配音大师的好友徐敏所创办的配音公司，给训练班的学生授课，寄望着年轻一代将上海辉煌的声谱续写下去。

/ 四 /

城市是人的集合地，是文明的生成地。而城市的活力可以被理解为维持城市协调运转的血脉，维持城市构成要素之间和谐关系的润滑剂。如果把城市比作一个生命体，那么这个生命体不仅需要营养的吸收，更需要活力的释放。

随着人们休闲娱乐需求多元化的日益凸显，主题公园、游乐场等游乐产业呈现不断增长的势头，人气也日渐火爆。从那里产出的不仅是游客加速的心跳和脉搏，高分贝的尖叫声更是激荡着每一个角落。

上海欢乐谷作为中国最大的主题公园，由阳光港、欢乐时光、飓风湾、金矿镇、欢乐海洋、上海滩、香格里拉七大主题区组成，共有娱乐及观赏项目百余项、顶级游乐设备12座。"天地双雄"是两座塔，一座由下而上高速弹射，另一座则由上而下急速降落，上下往复中，完美融合了弹射与坠落的两极体验。"绝顶雄风"，全球新一代无底板跌落式过山车，享有"过山车之王"的美誉，完美的90角，让你从60米高的顶峰垂直跌落，感受自由落体的神奇加速度。"谷木游龙"，世界上最古老的过山车形式，以被誉为超级结构用材的美国南方松木为主材，沿湖堤搭建，带给游客超过10次的太空零重力感受，挑战生命不能承受之轻，带来1200米的呼啸之旅。

2009年上海欢乐谷建成之际，郎朗作为一位外请演员到欢乐谷表演杂技秀。当时缺少小丑演员，而郎朗的表现又很优秀，所以公司把他留了下来。作为小丑演员，他在欢乐谷一干就是五年。

其实，郎朗刚开始当小丑的时候还有点不适应，因为没有接触过，心里有些胆怯，每天晚上他都会思考怎么和小朋友以及游客近距离互动，逗他们开心。每次郎朗演出的时候，就会有一群游客围着他，看他表演。等他把气球扎好，送给他们的时候，看着他们开心的样子，郎朗心里也很开心，获

扮成小丑的郎朗

得了一种满足和成就感。

　　正如历史的宏大叙事往往由细节构成一样，欢乐谷这个大舞台的背后，也有着无数个郎朗的身影，他们默默奉献着自己的热情，给游客带来欢笑。

/ 五 /

　　今天的上海是一座开放之都、活力之城。生活在这座城市似乎永远不能放慢人们的脚步，或许昨夜的霓虹还没淡去，人们就又在熙熙攘攘中拉开了第二天的帷幕，国际性都会的口号刺激着每个人的肾上腺。

　　迎着新年的第一缕阳光，虞阿姨和几位朋友相约早早来到了人民广场，气温的骤降丝毫没有影响他们参加活动的热情。为便于市民赴松江参加佘山元旦登高活动，主办方开通了"人民广场地铁站—松江欢乐谷"的免费双层观光巴士。

　　半个小时后巴士抵达了活动的起始点松江欢乐谷，报名者可以凭"报名确认单"在欢乐谷大门处领取登山粘贴标志、登山马甲和一根祈福红丝带。

　　上海佘山国家旅游度假区建立于1995年，规划面积为64.08平方公里。它的建立确立了佘山地区作为上海最大旅游度假基地的地位，区内已形成集游乐、观光、会务、休闲、度假、居住等多项功能为一体的综合型旅游度假区的雏形，吸引了大量游人前来观光游览。

　　上海佘山元旦登高活动自2007年起举办。作为本市最具地域性、能够充分展示体育旅游特色的上海新年第一户外活动，已经在全市享有一定的知名度。2015年登高活动以"迎新祈福"为主题，倡导都市健康生活旅游理念，并通过活动进一步扩大"人文松江、欢乐佘山"旅游目的地城市形象。

　　远望佘山，山顶浓荫深处有一幢气势非凡的赭红色建筑，它就是闻名遐迩的"远东第一大教堂"——上海佘山天主教堂。这座 1935 年落成的建筑与法国罗德圣母大殿齐名，采用无木无钉无钢无梁的四无结构，从 20 世纪 40 年代即为世界闻名的天主教圣地。与之毗邻的那个穹庐形建筑，是中国最古老的天文观测台——佘山天文台。这座有着百年历史的天文台在 20 世纪伴随中国和西方的几代天文学家度过了无数不眠之夜，天文学家们在此拍摄了大量珍贵的天体照片。

上海佘山天主教堂

虞阿姨听朋友说起佘山登高的活动，就叫上几个朋友在网上报名一起参加。今天是新年的第一天，虞阿姨穿着主办方送的红马甲，一脸高兴。她的女儿在澳大利亚，没法和她一起来。所以她拿了一根红丝带，登高给远在澳大利亚的女儿一家祈福。

主办方在东佘山顶划分安全的许愿区，参与者可在指定区域系上红丝带，表达对新年的美好祝愿。南高峰、瞭望台及终点处设有签名许愿墙，供参与者签名寄语和留影。

亲情没有华丽的外表，有的是血与脉的相通相连，无论你走到哪里，都会在你心底默默地守候，它不因季节更替，不因名利沉浮。或许每个人对亲情都有自己的诠释，而虞阿姨诠释的方式是把红丝带系到山顶，并许下心愿：希望女婿

佘山天文台 >

事业有成，蒸蒸日上；女儿是钢琴老师，希望她桃李满天下；孙子威尔健健康康，快快长大；全家平平安安，快快乐乐。

| 六 |

　　人类发展至今，科学家并没有解开记忆之谜。我们目前所能知晓的关于记忆最大的秘密，是神经元之间的连接组合与连接强度。就像我们的祖先渴望飞行一样，人类永远渴望自身能够拥有超于造物者恩赐的能力，所以，我们发明了留声机、发明了摄影术；所以，我们留下了本应逝去的魅声与倩影。

　　留，所不能留，是为了铭，所未曾名。科学脚步飞奔向前，也许在不远的将来，记忆之谜终能解开，我们也终于能够明白，为何这座城市的故事万千风云如过眼云烟，为何一个人、一件物、一桩事、一种流行、一袭风尚，乃至一个时代都如时光永不回头。然而，却有某些声音，轻易地让人泪流满面，抵住时代激流的冲刷，沉淀于生命的长河。

第四章

曲线

一开始,是混沌一片,后来有了水,水流行进在大地上,蜿蜒地走出两条曲线。从地图上看,它们就像这座城市心脏的两条动静脉血管,一切的奇迹源自于此。清晨,当第一缕阳光慢慢地勾勒出城市的轮廓与线条,充满未知的一天又开始了。曲线运动代表着自由、灵动和变化,这是魔都的性格基因,寻找本城最美的一条黄金曲线,就是寻找这座城市性格基因的产物。

| 一 |

走进1933老场坊,即使是在上海最炎热的盛夏季节,游客也能瞬间感受到清凉。这座位于上海虹口区的创意园区,结构巧妙,整栋建

1933 老场坊 >

筑犹如装着一个隐形的空调：它的墙体厚约50厘米，两层墙壁中间采用中空形式，在缺乏先进技术的20世纪30年代，成功实现了温度控制。这栋大楼建于1933年，前身是上海工部局的宰牲场，改建后目前是全上海结构最奇特的一座景观建筑。大楼空间布局奇特，外方内圆，廊道盘旋，曲折蜿蜒，宛如迷宫，却又次序分明。在虹口区的北外滩地带，这里已是极具特色的新上海旅游胜地。

一对小夫妻的咖啡店，是1933老场坊创意园区最富创意的店铺，咖啡店的名字叫canil，西班牙语里"狗窝"的意思。每天早上十点半，夫妻俩准时带着一车子的狗来到园区，开始营业。

咖啡店老板说："这里的招商部经理，也是狗的爱好者，他问我，你想找一家店面，是不是可以来这里看一下。我们在这里试营业了一段时间，感觉还不错，然后就继续开下去了。我们刚到这里的时候，经常有很多人围观，有人会问我们养狗的经验，还有人问我们是开什么形式的店。"

这15条狗与咖啡店主夫妻俩日夜生活在一起，就像他们的孩子。狗的品种多样，贵宾比熊、雪纳瑞、可卡、约克夏等不下十种。每一条都打过疫苗，有自己的狗证，夫妻俩的工作就是照料这些小家伙，陪它们玩。咖啡馆面积有130平方米，足够它们欢腾地奔跑，

"我觉得这里可以给平时不能养狗的客人一个机会，来抱抱狗狗，和它们玩。有了狗狗，就感觉这个咖啡馆有了一种新颖的方式，蛮有特色的，在其他地方是没有看见过的。"店门口竖着招牌，禁止顾客带自己的宠物入店。因为他们不能保证顾客带来的宠物打过疫苗，为保证客人和自家狗狗的安全，就立了这项规定。

"我们这些狗的开销一般来说一个月要超过1万块钱。现在赶回家要喂小狗，因为小狗一天要吃四顿。给小狗喂食的

canil 咖啡馆内

时候，还要拌上奶粉，让它们喝羊奶，不能喝牛奶，大多数狗狗对牛奶都是过敏的。"

"我们夫妻平时几乎不会一起出去旅行，我们只能单独轮流出去，因为家里有那么多狗宝宝要照顾。"

"那有没有带着它们一起去自驾之类的呢？"

"暂时还不行，因为我们开着店，如果我们以后不开店了，也许会带着它们一起出去玩。"

"想过要生小孩吗？"

"养宝宝的话，一定要综合条件都比较好。要给宝宝一个更好的环境，那时才能养。"

夜幕降临，咖啡馆每晚九点打烊，是1933老场坊创意园区里关得相对比较晚的一家。夫妻俩尽量避开客流量高峰时段带着狗狗进出。在旁人看来，极其复杂的装箱工作，他们日复一日做惯了，不到十分钟，狗全部自觉就位。整间咖啡馆已经全部消毒完毕。

1933老场坊，这座今日上海时尚创意地标，无论是它的建筑外观，还是吸引到的人群，都拉高了这座城市的创意指数。如今这座景点地标，融时尚发布创意设计、品牌定制、文化求知、创意休闲为一体，汇聚艺术家、设计大师、教育家、企业精英于一堂，形成机体与内核的有机统一。一座外观经典的欧式历史建筑，承载着现代都市最先锋的生活气象。

/ 二 /

从日出到日落,太阳在天空划出一道优美的弧线;秒针滴答,时针周而复始。时光飞速前行,上海脚步奔腾,快节奏的转速催生着生命的活力,只有跟得上这座都市的步伐,才能以加速度超越旁人,活在时尚的前沿。

"许小姐这边请。我现在正式带您进入我们的漂浮间。"许小姐,小名叫伽伽,是这座城市年轻人中最活跃的人群代表,每当得知沪上哪里又出现有趣的神奇体验,都早早前去尝鲜。

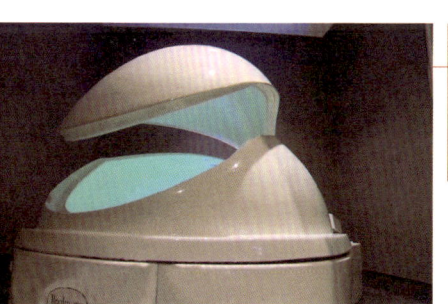

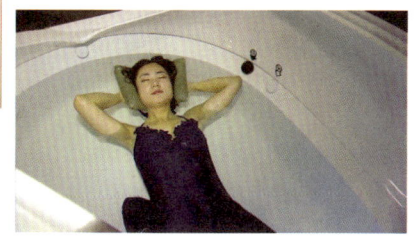

人体悬浮装置

"这个是我们提供的一次性防水耳塞,它是真空压缩的,等一下它会自动膨胀开。这个酷似UFO的设备,是一个封闭式的漂浮箱,打开舱门,里面是含镁等大量矿物质及微量元素的高浓度泻盐溶液。设备会将溶液和空气加热至人的表皮体感温度,而高密度的盐水则可以让较低密度的人体,轻松自然地漂浮在水面上,双手松开,慢慢往前走,直接坐下来,手辅助在两边撑着。"

伽伽下去的时候有点紧张,因为身体突然不能保持平衡了。

"没关系,你身体放松躺下去。"

这是近来风靡沪上的人体悬浮装置,据说人睡进去几分钟后，就会适应失重的状态。按下按钮，舱门自动关上，没有光没有声音，甚至感觉不到自己的身体，精神深度放松，周围很安静，仿佛这个世界只有你一个人；外面的声音一点都听不见，只能听见自己的心跳声。

伽伽从事的是媒体工作，目前在本市一家发行量超高的日报任记者。职业的敏感度，让她永远对城市的新鲜事物保持热情，在朋友圈里她就是一个"春江水暖鸭先知"的魔都时尚情报发布者。体验悬

锦江乐园

浮馆的当天晚上，她又独自来到闵行区的锦江乐园，等待她尝鲜的是一顿园内前所未有的摩天轮大餐。

华灯初上，星钻遍天，多年未见的锦江乐园就在今晚旧颜换新装。锦江乐园始建于1984年，是改革开放后上海创办的第一家大型专业化游乐园，这里留有80后共同的成长记忆。上海标志性的这一轮"上海眼"，今晚华丽变身。伽伽这样的都市年轻人满怀热情，奔赴乐园。

下午4点，米其林星级大厨开始忙碌。今晚，他要将美味嫁接于都市高空美景，为魔都谱写一页新的魔幻传奇。摩天轮顺时针转上一圈需要18分钟，正好够游客品尝一道美

味。回到地面时，在短短20秒的时间里，工作人员就会换上第二道菜肴，如此循环六圈，即一个半小时。在魔都夜景的映衬下，游人仿佛与佳肴谈了一场浪漫的恋爱。

"好吃，和平时吃的不太一样，可能是做法不一样。平时三文鱼都是生吃的，这次好像是煮过的，很软很入味。在高空中，觉得很神奇。"在108米的高空，伽伽咀嚼的不仅仅是美味，这是以她为代表的80后一代人的青春。2002年5月1日，"上海眼"正式投运，国内首座百米摩天轮与第一家大型游乐园完美结合，为城市的天幕添上一轮优美的弧线。

"从高架路过的时候，一直会看到摩天轮。这就像上海的一个标志。差不多有十年没有来过了。正好在网上看到有这样一个摩天轮大餐的体验，就想来尝试一下。"

夜色渐深，108米高空的摩天轮大餐，标志着这座魔都老牌游乐场的华丽转身。俯瞰上海夜景，城市悬在我们的脚下，既熟悉又陌生。新上海，同一个角度、同一个高度，亦有变革的魅力。锦江乐园的华美蜕变也将引领申城老牌旅游景点，舞出一道优美的弧线，从一个起点登上另一个更高的起点。

/ 三 /

寻找最美的一道城市曲线，也许它并不像我们所想象的那样，藏身在任何一栋城市建筑的外形中。古往今来，中国女姓的身段，被一种服饰勾勒出最具东方韵味的优美弧线。上海城市的美丽曲线，深藏在上海女姓摇曳的旗袍身姿中。

"我带你去看看我的旗袍。我大概有30多件，基本上是搭配好的。这件旗袍去做客的时候穿。这一件我比较喜欢，我妈妈也有一件这样的。这一件搭配了一件外套，冷的时候披一件外套。这件家里穿穿。"孔小姐，出生于1939年7月，家中姐妹排行第三，今年已是79岁高龄的老人。见过她的人，都尊称她一声孔三小姐。她的父亲是上海滩昔日的大资本家，孔三小姐出生的年份是旧上海最繁盛的时候。富足的家境、良好的家教，调以时髦洋气的城市土壤，催生了以孔小姐为代表的一代海派名媛。

"'文化大革命'的时候，觉得旗袍把女性的曲线都暴露出来了，是黑六类的奇装异服。很多红卫兵要把旗袍拿去烧掉。我真的脚都软

<穿旗袍去买菜的孔小姐

孔小姐选购旗袍>

掉了。第一次知道心痛啊，这么漂亮的衣服……"

爱旗袍是家传渊源。孔小姐说自己的母亲也是一辈子穿旗袍，活到102岁。对于旗袍，孔小姐有一种特殊的感情。她

的妈妈、阿姨、舅妈都喜欢穿旗袍，她从小耳濡目染，旗袍成了她终身最爱的服饰。一年四季不论春夏秋冬，她都穿着旗袍，是一位名副其实的住在旗袍里的上海女人。"这一件是我自己织的，天冷的时候穿出去买买菜。冬天的时候，我穿呢子旗袍。棉毛裤不穿，你们不要不相信哦。我觉得自己穿了旗袍，有几分精神在，走起路来雄赳赳气昂昂的。"

这样穿旗袍走路、与商贩讨价还价的女人，就是上海这座城市一道独特的风景。闲来逛逛茂名南路旗袍街，对孔小姐来说，就像回到了自己的家。从国泰电影院沿着茂名南路

往南走，这儿已汇聚成一条旗袍街，每天吸引了大量国内外旅客前来，借由旗袍观瞻上海繁华的过往。

"我想试一试那件，领头能竖起来的。这件穿着怎么样？""这件穿着还不错。"如果说城市中的每条街巷都有自己的个性，那么茂名南路一定是一位温婉恬静、身着优雅旗袍的女子。每次在这里挑中一袭新装，都会让这位旧上海的名媛有时空穿越的错觉，仿佛一切未变，青春依旧。

"你们不穿旗袍，青春不一会儿就掉了。像我已经79岁了，余生我还能活多少年，或许过两年，身体上的毛病都会出来。我想以后菜市场里还会有人记得我，会问起那个时髦阿婆怎么这么久不来了。"时光荏苒，岁月在孔三小姐的脸上刻下些许痕迹，韶华易逝，优雅犹存。这一袭旗袍早已成为一个文化符号，如同流星般在她生命中画出最耀眼的弧度，写进每个人的记忆，渗入这座城市的血脉。

/ 四 /

舞者，用舞姿为我们揭开本篇最后的秘章。上海城市的黄金曲线被眼前这位本城舞坛的新起之秀诠释得极富想象力。

上海大剧院

这道全城最美的曲线就是一位女性的身体——朱洁静，青年舞蹈家、国家一级演员、上海歌舞团的首席舞者，也是今晚（2015年）上海大剧院的主角。今晚的演出是为了纪念上海市舞蹈学校55周年校庆。从在校12年级的学生到闪耀国际舞蹈界的明星，都希望以最完美的表演为母校献上祝福。这座于1998年在申城的心脏——人民广场落成的文化殿堂，对于每一位文艺演出者来说，都是圣殿级的舞台。

"刚刚看到有九岁的一年级孩子们，可能他们的梦想不是像我一样去跳舞剧的主角，或者要拿全国的金奖，可能他们的梦想是明天能够在上海大剧院跳一支舞。我觉得可能是因为我小时候爱美、爱穿裙子，所以我一定要去跳舞，当时就是这个念头，一直带领着我来到了上海。"

青少年时期的朱洁静

九岁的嘉兴姑娘自此扎根在上海，与舞蹈形影不离。在舞蹈学校的六年里，她是班里的佼佼者，是老师眼里的好苗子。在上海歌舞剧团就业后，更是当仁不让的女一号。从《霸王别姬》《天边的红云》，到《一起跳舞吧》《朱鹮》，她在每一支舞中，舔着人世酸甜，活了一遍又一遍。"2008年的时候，我们团有一部新的舞剧《舞台姐妹》开排，我记得那天北京的导演、所有主创人员在前面坐了一排。在这么多人面前，我想我是不是要做得更好些？我不能中规中矩地去转这两圈。转到第四圈的时候，就是那么咔嚓一下，我发现膝盖没了。

《霸王别姬》剧照

《无边的红云》剧照

《一起跳舞吧》剧照

《朱鹮》剧照

膝盖这一块空了,凹进去了,没有这个膝盖骨,内侧就凹陷了,髌骨跑到膝盖外侧。"朱洁静被紧急送往医院,医生的诊断等于当场判了她死刑。

"我从九岁到现在,我的一切、我的生活、我的朋友、我的圈子,我每天接触的都和舞蹈有关,我不知道离开舞蹈我能干嘛?我看到镜子里那么颓废的自己,觉得自己不能再这么活了。所以我洗了一把脸,把头发梳整齐,就开始找全国最好的医生,很积极地去就医。"

2013年2月,东方卫视举办"舞林争霸"选秀,朱洁静红遍全国,但是已然如同涅槃之凰的她早已心知肚明,唯有用更专注的心去对待舞蹈,才能在真正的舞坛占有一席之地。

也许城市最美的一道黄金曲线,并不在任何一项单一的城市元素中,而是一股改变、转型、创造、翻腾的城市生命力。城市的曲线运动,是由经济升级和产业升级所带来的城市新面貌,是以个人为单位的城市细胞的新生活,是贯穿这座城市新的眼光和角度,是一座城市生生不息的精神养料。

第五章

热力

巴西的里约热内卢曾被权威机构评选为世界上最热情的城市,在那一次的全球热情城市的评选中,中国只有一座城市名列全球前十,那就是上海。作为中国最繁华的都市之一,在过去的很多年里,上海及上海市民似乎并不能给人留下热情的印象。也许,体味这座城市的体温,绝非旦夕之间。

| 一 |

上海的众多旅游景点中,要选出一个最热的场所,城隍庙当属第一。城隍庙景区终年人声

城隍庙

鼎沸，游人摩肩接踵。有拖家带口拍照留念的，有冲着小商品市场来淘各类玩物的，也有专门来购置黄金首饰的。当然，最大众的一个目的，也是游客到上海必来城隍庙的最大愿望，简单而明确，就是直奔各类小吃。

豫园是明朝时期的私人花园，建于1559年，充分展现了中国古典园林的建筑与设计风格，是江南园林中的一颗明珠。在城隍庙的各色小吃店中，有一家就坐落在豫园的九曲桥旁。上海这座四季分明的城市，盛夏季节的极端高温能超过37度，可是即便如此，都挡不住游客的热情，这家南翔馒头店终年排长队，热度指数为全景区之冠。

南翔馒头店

馒头是南方人的说法，北方人叫包子，上海人更喜欢叫"南翔小笼"。南翔馒头店是一家百年老店，开店一百多年来专营皮薄馅丰、上口一包卤的小笼包。其实上海的不少老字号店小笼包都做得不错，但是能把名气做得那么响，成为上海城市最热旅游地标的，只此一家。南翔馒头店一共有三层楼接待游人，一层比一层精致，一层比一层价格高。二层三层能品尝到更为高档精致的点心。

一楼的小笼包，制作工艺是最传统的，保持着一白多年前的工艺，只有两种口味，一种是鲜肉的，一种是蟹粉的。一笼16只，20元左右，物美价廉。一楼的小笼包，每天要出1000多笼。在一楼工作的员工很辛苦，他们每天的指标是

热腾腾的小笼包

7.5小时之内要完成128笼，每笼16个，相当于一个人要完成2000多只。

游玉敏，上海豫园南翔馒头店第六代传人。她的手上，掌握着这城隍庙热力之冠的特色小吃配方最大的秘密，以及一个可以将美味无限扩张的庞大军团。她为我们解释了小笼包如此受大家喜爱的原因：它的每一道制作工艺都很讲究。前一天开始制作皮冻，皮冻冷却后待用；到了当天才能制作馅心。原料只加盐、糖、味精，不加任何其他的调料，发挥食材本身的口味。馅心的肉质吃上去有弹性，皮冻吃上去不油腻，入口感觉就像在喝熬制的汤一样。面皮是经过多种面粉调配而制，专门有一个师傅调制面粉。

三楼就不一样了，制作工艺已经改良了，从传统的油桌台改为粉桌台。粉桌台的要求和制作工艺更加精湛，要求皮薄馅丰汁多，吃起来口感柔软、汤汁多。三楼的小笼包一只倒出来的汤汁，正好是一勺。

游玉敏介绍道："我们的小笼包有13种口味的馅。在口味上，我们实行末位淘汰制，每年或者每两年，都要创新一到两个新品种，然后把销售中卖得最不好的两个品种取消。所以随着时间的推移，我们13个小笼包品种的点单率都很高。"

小笼包的制作

南翔馒头店将小笼包的制作过程完全公开。从透明的大玻璃里望进去，操作间里穿着白衣的工作人员动作专业又迅捷，一个个小巧玲珑的艺术品，在他们手中飞速地诞生，极具观赏性。

游玉敏指着正在忙碌的厨房工作人员，解说道："现在做的一道工序是搓条，搓条以后是摘拣。摘拣的大小，看起来是一模一样的，称重的话，一个坯子大概在8克左右。接着是按坯，用掌心把皮子按出来，圆圆的，再用双滚。人家一根擀面杖就可以滚，为什么我们要用两根呢？因为这样擀出来的皮子大小、厚薄均匀而且呈太阳形，就是当中厚边上薄，每个皮子的直径大概在6~7厘米。馅心是21克左右，整只小笼包是30克。在包捏的时候，特别是打褶，每一个褶缝要一样长短。一般性标准是16个褶，一个好的师傅，基本上可以打二十几个褶。一笼好的小笼包蒸出来的时候，它是宝塔形的，上面尖、下面是下垂的。"

除了小笼包，游玉敏和她的团队又研发了许多新系列，蟹黄灌汤包就是其中的佼佼者。热腾腾的一个大包子端上来，先发给你一根吸管，将吸管插进包子皮里用力吸吮，鲜美的蟹黄汤汁顺喉而下，好玩胜过好吃。

游玉敏觉得包好小笼包，最主要的还是喜欢，喜欢这份职业。其实现在很多年轻人都不喜欢中式面点师这个职业，它的收入并不是很高，虽然在南翔馒头店做面点师收入是不低的，但是整个行业的收入偏低，又比较辛苦，四五点钟就要来上班。现在的年轻人，没有几个能够坚持的，然而做这行就是需要坚持、坚韧、创新。

从一个练基本功的小学徒，到一个百年老字号的配方秘密传人，游玉敏用了将近10年的时间守护着这道全上海最炙手可热的点心。置身于最热门的景点，她用自己对职业的热情为每一位游人传递着上海的待客热忱。

/二/

上海是中国内地第一座年接待海外入境旅游者600万人次的城市，全球各地的游人为上海的酒店业贡献了重要的消费力量。酒店服务的最高境界讲究"宾至如归"，要让游人在外有家的温暖，而要做到这份暖意，是无数细节服务的堆砌。

黄志杰，上海半岛酒店的副总工程师，主要负责酒店机电系统的运行和维修保养。他是半岛酒店温控师，是半岛酒店让游人有"宾至如归"之感的后勤技术保障。

半岛酒店的母公司创办于19世纪，20世纪初已在上海拥有最豪华的三家饭店。二战结束之后，这家公司出让在内地的所有股权离开上海。2004年，他们正式宣布投资上海半岛酒店。这是它在阔别上海五十多年后，第一次重返申城，续写与上海的"百年情缘"。

上海半岛酒店设有235间豪华客房及套间，就室温控制这一个不起眼的服务细节，花费了黄志杰很大的心力。如何

上海半岛酒店

才能为游人提供更人性化的服务，是黄志杰重点思考的问题。

室温控制，就是对室内人工大气环境的控制，除了温度以外，还有湿度、空气的新鲜度以及空气流动等方面的因素。对于一个365天营运的酒店来说，室温控制实际上是时时刻刻都在发生的，这就要求对空调系统进行时刻的监测，然后根据监测的结果，对空调系统进行调整，使酒店的空气、环境达到经营的要求。

酒店的所有冷源是由冷冻机提供的，这是最新型、最节能的一个产品。黄志杰每天都要检查它的运行参数，例如储水温度、冷凝压力等等。这些运行参数是否正常，直接影响整个大楼供冷的正常运行以及节能。

半岛酒店有一套独特的房间控制系统。这套系统是半岛酒店自行开发研制的，它可以看到所有客房的状态、温度和设备的运行情况，并且可以直接控制客房的空调运行，

黄志杰检查设备的运行参数

改变它的运行参数,这样就避免了打扰客人。黄志杰表示:"我们的Bill系统,参数记录是非常全面的。12小时之前的运行参数,都会在系统里有所记录。我们在空调服务上,还有一个非常人性化的操作。我们的客人来自世界各地,他们对温度的喜好也是不一样的,或者这个客人以前在我们这边住过,他提出过温度要求,我们都会在客人入住前,预先把温度设置好,保证他来的时候,房间达到了他所需要的温度。"

黄志杰指着温度控制面板,介绍道:"我们在这个面板上特别设置了一个最大键,它的好处就是能够让房间迅速、强烈地制冷或者制热。如果我们的客人从非常炎热的环境回到房间,虽然这个房间的温度是舒适的,但他短时间内还是不会满意。这时我们按下按钮,他房间的制冷功率会达到最大,但是二十分钟以后,又会恢复到正常的温度设置状态,这样就避免客人忘了把它调回去,使房间过冷或过热。"

黄志杰接着介绍起床头控制板:"我们半岛酒店的床头控制面板,可以控制房间里的所有机电设备,包括空调、电视、灯光、窗帘,它是感应式的,只要手经过它的上方,所有的参数都会显示出来。这种非接触式启动设计非常人性化。它实际上就是模拟了晚上在床上睡觉，如果突然想开灯，那么只要手经过它的上方，它就能处于开启模式。"

在半岛的日子，时间就像一块光滑柔软的绸缎，没有一丝缝隙和皱褶，这里的每一个细节都会使人忘记虚无缥缈的奢华，体会到英式传统服务的温情与妥帖。

上海半岛酒店是近几十年来外滩上第一座新落成的建筑，同时也是外滩源综合开发计划最先启动的项目。这一地区从时间上讲，拥有外滩最早建成的一批历史建筑；从空间上看，又是外滩的起点。独特的地理位置、深厚的历史人文底蕴，使其成为名副其实的外滩的源头，成为外滩这个上海"皇冠"上的一颗"明珠"。无论时光飞逝、城市变迁，外滩美景都堪称这座城市永恒的标志，而愈加人性化的服务更是这座与国际接轨的都市一项留客的法宝。

/ 三 /

生活在高楼林立环境中的市民，对自然的爱经常处于一种缺失的状态。自然发展的规律告诉我们，要实现经济社会的可持续发展，就要在开发利用自然中实现人与自然的和谐相处。只有生活在大自然中，我们才能获得创意灵感，保持生命活力，而其中的重要一环就是实现人与动物的和谐相处。动物园，是一座文明城市进步与发展的重要窗口，是城市文明进程的体现，是城市人与游客体验城市体温的最佳场所。

上海野生动物园是首批国家 5A 级旅游景区，园区内的动物展示以动物散放养为主，占地 2300 亩，拥有国内同行业最具特色的旅游产品，保留了目前全国鲜亮的人"关"在车里到野兽群中的特色参观方式。园内汇集着世界各地具有代表性

上海野生动物园

的动物和珍稀动物二百余种、上万余头（只），其中有我国特有的重点保护动物，如大熊猫、金丝猴、金毛羚牛等，也有来自国外的长颈鹿、斑马、羚羊、白犀牛、猎豹等。大象互动区、长颈鹿体验区、金鱼喂奶、老虎跳水、羊驼互动展示区等深受游客喜爱。

在上海野生动物园的育婴室里，有一群60后、70后、80后男性动物饲养员。这些饲养员有着一项特殊身份，他们被亲切地称为"动物奶爸"。他们将动物"弃婴"抱回来，亲力亲为，像母亲般照料这群新生儿，让它们健康地长大。80后动物饲养员李士强就是这个团队中的一员，虽说是80后，却有十几年的"育儿经"，经他一手带大的"孩儿"就有上千个。

李士强介绍说："这里都是八九个月的老虎，是我们慢慢人工饲养大的。有的小老虎来的时候，才刚生出来，眼睛都没睁开；有的毛都没舔干，可能是弃崽。各种情况都有。"

刚送来的小老虎，自身的体温调节能力还不是很强，所以饲养员要帮它保温，放在育婴箱里，箱温控制在30度左右。等到它慢慢长大，完全适应了这里的环境和气候，就对它进行初步的野化训练，让它爬爬杆、游游泳，增强体质，大了以后就可能放到野放区。

羊驼的毛又浓又密，保温效果很好，所以它不怕冷，但到了夏天就出现问题了，它散热散不掉。这时饲养员就要给它剪毛，碰到极端高温的天气，还要给它喷淋、降温。

上海野生动物园，有二百多种、上万头（只）的动物，生育是它们生命中最重要的一个环节。当出生幼崽多又无法喂养时，它们会将体弱的幼崽丢弃掉；而初次当妈妈的动物，因不会带崽，有时也会将它遗弃。

李士强泡好了奶，把奶瓶贴近脸颊，试了试奶温，开始给一只小熊喂奶："这只小熊是弃崽。母熊生了双胞胎，它体质比较弱一点。母熊大概觉得没把握养活两个，就遗弃了它。然后我们就接管了母熊的工作。它刚来的时候，体温比较低，我们把它放在育婴箱里，保持在32摄氏度左右，让它慢慢地适

小老虎

应。体温上来之后,每隔10天左右就把育婴箱的温度降低0.5度,让它慢慢适应外面的环境,现在已经调到28度了。这只小熊属于马来熊。马来熊生活在东南亚地区,我国云南也有,它不像别的熊有冬眠的习性,所以即使冬天来我们野生动物园,也能看到它比较活泼地跟人互动。"

小熊

李士强感慨道:"和小动物接触时间久了,就把它们当成自己的小孩一样。小动物生病了,会感觉到心烦,情绪上有点低落。如果小动物成长得很好,心情就很愉快,就感觉工作有点成绩了。小动物也给我带来了很多温暖和快乐。"

上海野生动物园有当今世界上最先进的哺乳动物浸入式展区,节尾狐猴岛、袋鼠展区等拉近了人与动物的距离,营造了人与动物、植物充分和谐的环境,被中外游人誉为和谐乐园。园内有四座功能各异的动物健康运动表演练习场馆。人与动物大型广场艺术表演,精彩纷呈;国内一流的海狮表演让您领略动物的聪颖与美妙;来自澳洲的赛狗更是让您在惊叹速度魅力的同时遐想无限。铁笼、水泥地、简易的设施,这些我们对动物园曾经的"刻板"印象已经不复存在,上海野生动物园倡导"动物健康运动",尊重动物的运动权利,让动物本能、习性得到充分释放,让人工饲养的野生动物都能在快乐的运动中健康成长。

圣雄甘地说:"一个国家的伟大可视其如何对待动物加以衡量。"我们相信,人与动物能否和谐共处,最终也将反映在人与人之间能否互相尊重、和谐相处。上海野生动物园这座传递人与动物、人与自然爱之温度的"活"博物馆,必定会谱写一曲新的乐章。

/ 四 /

对都市人而言,工作是生活中非常重要的一部分。城市人常常为快节奏的工作所绊,身不由己,停不下脚步。于是,从事一份自己热爱的工作就尤显可贵,把自己的爱好变成工作,是多少城市人的梦想。爱好能激发人的潜能,保持生命热忱,享受每时每刻工作的乐趣。

胡经纬从事的职业是汽车培训师。可能听起来非常陌生,因为他们总是站在所有的汽车 4S 店背后,默默地支持。汽车培训师,主要的工作内容是将汽车厂商的产品进行区分提炼,并针对每一款车的优点对销售人员进行培训,最终达到提高汽车销量的目的。这份比较少见的工作需要具备相当全面的汽车知识,而胡经纬的大学专业与汽车毫无关系,如今能够从事这样的工作完全源于他的兴趣。

胡经纬出生在 80 年代,也是中国汽车发展最快的一个年代。他从小就非常喜欢汽车。在他看来,每一台汽车都有它自己的灵魂,每一台汽车都有符合它的人群,每一个人都有能驾驭的汽车和不能驾驭的汽车,汽车就像一本书或者是一部电影。

汽车培训师胡经纬

上海的汽车文化，底蕴深厚，由来已久。1901年上海首次出现了两辆奥斯摩比尔汽车，成为中国最早使用汽车的城市。至20世纪40年代上海已有3万辆汽车，品牌遍及世界主要汽车厂商，被称为"万国汽车博览"。随着国外汽车的不断进入，上海汽配业快速发展。中华人民共和国成立后，上海市安亭镇更是作为上海汽车制造的工业重镇，承担起了中国汽车工业起飞的使命，走在前沿。历经几代人的努力，这座历史悠久的江南古镇，不仅已在汽车业内享誉全国，更是由于世界F1锦标赛上海站的举办而闻名世界。

奥斯摩比尔汽车

安亭F1赛车场是国内唯一一家可以承办F1比赛的国际性赛车场。因为工作的关系，胡经纬经常会到F1赛车场举行或者参加一些超级跑车的培训以及试驾活动。他发现赛车场周围的一些配套设施特别有意思。

作为上海F1赛车场的附属娱乐项目之———国内首个双赛道ATV全地形越野场，对于热衷驾驶的普通车友而言，或许更加亲切。不同于F1赛场的高高在上，只需一张汽车手动挡驾照就能在这里轻松上手，享受速度与激情的乐趣。不仅如此，这里还拥有国内首座双飞行区垂直风洞，经过简单培训，游客就能亲身体验高空跳伞的极限感官。

作为上海汽车文化中最具代表的一张名片，上海安亭创

< ATV 全地形越野场

双飞行区垂直风洞 >

造了中国汽车产业史上的许多个第一,而中国第一家综合性汽车博物馆亦坐落于此。上海汽车博物馆的整个展示面积达一万平方米:一楼的历史馆重点是向观众完整地讲述世界汽车发展中的一些里程碑事件;二楼的珍藏馆是介绍不同时代的各种重要车型,及其所对应的社会、历史、人文等方面的背景知识;三楼的科普探索馆是针对青少年开展汽车科普知识教育的场所。博物馆收藏的车型并不局限于豪车,为了完整反映世界汽车的历史,还收藏了许多款其貌不扬的民用小车。

前不久,位于博物馆二楼的古董车珍藏馆迎来了一名新成员,早已得知消息的胡经纬因为连续数月出差,而无法与其相见,临近春节他终于抽出了时间。

胡经纬指着一辆玛莎拉蒂,介绍道:"这台就是我一直在寻找的第一代玛莎拉蒂 Ghibli。Ghibli 的原意是指沙漠的

上海汽车博物馆

风暴。这辆车当时采用的是一台 4.7 升的发动机，最高时速在 1970 年已经能够达到将近 250 公里，在当时看来这是一个天文数字。玛莎拉蒂是一个非常传奇的品牌，它的赛车历史甚至要比法拉利更悠久。这台车创造的就是一个未来的时尚，虽然是 1970 年造的，但是我相信，如果现在把它拿到马路上去开，回头率仍然高达 120%。"

博物馆的副馆长苏溢慧早已和胡经纬成了熟识，两个汽车发烧友再次相聚，自然有说不完的话题。

"1960年的宝马依赛塔。这也是宝马历史上非常著名的一款车型，我们又把它叫做泡泡车。它的车门设计非常独特，是连接在车头上的。这样的设计毁誉参半。当时有好多客户发现买了这款车之后如果对着墙停车，车门打不开，而这款车又没有倒挡。但这丝毫没有影响它的销量，这款车也是宝马历史上硕果仅存的几台没有双肾型进气格栅的车型。"

汽车的不断发展伴随着人类步入辉煌的年代。在这里，亦能体会中国汽车制造梦从无到有的艰辛历程，以及上海对于这个梦想的实现的重要性。

"这台就是我们上海牌的SH760，也是中国历史上第一款规模化生产的轿车，这台车承载了非常多的梦想。当时是计划经济，这台车根本就没有售价，但在马路上却能经常看到它的身影。"胡经纬感叹道："在这里，汽车已经不是一台冷冰冰的机器，我觉得更像是一段文化。"

汽车，这个工业革命时代的宠儿，在一百多年的发展过

1960年的宝马依赛塔

上海牌的 SH760

程中，为人类的物质文明谱写了重要篇章。上海在这场工业的浪潮中，用永不磨灭的炙热，持续而坚定地摩擦升温。

一座城市的体温渗透在城市服务行业的方方面面，上海人的待客热忱也许并不外露张扬，而是如同江南的细雨，润物细无声地传递给每一位来此游玩的客人。今天，上海在经济高速发展的同时，依然用它的热忱温暖着市民与八方来客。迎着新一轮朝阳的升起，上海将续写它的传奇。

第六章

面孔

　　上海，因吴越江南的水文化孕育而生，骨子里充满江南水乡的古朴典雅，外型上又深受近现代工业文明的影响，现代而时尚。这座不拘变幻的奇妙城市在不同的时代有着不一样的脸孔。

　　随着全球信息化时代的到来，上海丰富的人才资源与优良的创业土壤加速吸引着越来越多不同职业、不同文化背景的人前来这座城市。融合交汇至今，上海这座国际大都市呈现出更加多元而立体的面孔。

＜枫泾古镇

| 一 |

枫泾古镇，地处上海西南金山区，早在2000多年前已有百姓生息。古镇内的界河更是春秋时期吴国和越国的分界线。由于地跨吴越两界，素有"吴越古镇"的美名。相较于上海其他古镇的名扬中外，多年来枫泾古镇似乎名声不显。可正因与外界交集无多，偏安一隅，反而在美食上留住了本地原味。这地道的枫泾美味，正是吸引资深饕客慕名而来的一张枫泾面孔。

凌晨五点，大多数人还在睡梦中的时候，位于枫泾古镇张家桥头的阿六烧卖店已经开始营业了。作为枫泾地区最著名的烧卖店，这里曾创下一天售出1000份烧卖的纪录。不分旅游淡旺季，店主朱宗其都要准备充足的馅料。

"来两笼烧卖。"

"两笼烧卖。里面吃噢。"

烧卖，是中国南方北方都有的一种面食，因馅料各有不同而品种繁多，深受各地百姓的喜爱。在以稻米为主食的江浙沪地区，烧卖的馅料大多以糯米为主，搭配肉丁和香菇。但朱宗其做的烧卖馅料却大有文章。

阿六烧麦

"我们枫泾当地的烧卖，已经有一百多年历史了。我们基本上加的料就是冬笋、竹笋、毛笋。没有毛笋、竹笋的时候，我们做纯鲜肉的烧麦。我们的烧麦皮子比较薄，有韧性、有汤汁，肉比较嫩、比较鲜。烧卖烧卖，现蒸现卖，原汁原味的味道就出来了。"

"是这位师傅的吗？来来。"

"头一趟来吗？"

"来过，来过。"

"来过啊。"

"吃烧卖，一定要吃糟卤。我们本地人有规矩，不吃糟卤枫泾烧卖不吃的。你尝一下。"

"我晓得，我晓得。"

为了不影响鲜肉与高汤的原汁原味，用来蘸烧卖的糟卤也是由朱宗其亲自配制。上好的肉馅、鲜嫩的笋丁、浓稠的高汤，一同裹进柔软的面皮，搭配微酸而又带着酒香的糟卤，一口咬下，江南水乡特有的精致与灵动，满溢唇齿之间。

"我看你吃这个烧卖，吃得熟门熟路的。是不是经常来呢？"

"经常来枫泾倒也谈不上。但是我每次来，一定要吃这里的烧卖。我吃过鲜肉的烧卖，也吃过内有春笋的烧卖，味道都非常好。我个人很喜欢。只是到这里来吃，每次都要花两天的时间。因为这家烧卖店只做早市和午市。从上海市区开车过来，它已经关门了。为了吃到它的烧卖，我一定要在这里住上一晚才行。"

枫泾，水网遍布，河道纵横，桥梁有52座之多。现存最古老的元代致和桥，建于公元1328年，据今已有近700年历史。更难能可贵的是，当地的旅游资源并未过度开发，包括和平街、生产街、北大街、友好街在内的四处古建筑群同样保存完好，总面积接近五万平方米。

枫泾古建筑群

即便如此，要回忆起这张吴越交汇最早的面孔却并不容易。小镇的许多习俗已成往事，幸而，民以食为天，当地人的饮食习惯成了后人追根溯源之本。当年吴国的中心其实差不多在苏州那一块地方，越国的中心差不多在现在浙江的绍兴。"如果要在枫泾这里找到吴越文化的感觉，应该先从这桌菜看起。这里的菜和本帮菜还是有明显区别的。你看，主要都是以白烧的为主。和现在的杭帮菜和绍兴菜味道又不一样，因为宋朝的时候那里过去了许多北方人，口味就有所改变了。如果要在上海吃到正宗的吴越味道，那只有在吴越古镇枫泾了。"

在众多江南古镇中，唯独只有枫泾自古就有"吃镇"的美名：枫泾黄酒、状元膏、芡实糕、枫泾粽子、枫泾豆腐干、枫泾丁蹄。无论是沉香古韵的百年老店或是乡味浓郁的农家土菜，无论是寻常家宴还是琳琅满目的特产小吃，只有当你品尝到这里吴越交融的独特滋味，才能体会到枫泾人传承千年的妙手与巧味。

| 二 |

一方水土养一方人，大上海所孕育的女性气质独特、时尚、风情，略带清高。如果要以某一个上海女人为名，吸引全球各地的游客来探索这座城市，或许，就只有上海标志性的传奇女子——张爱玲。张爱玲的小说中有很多关于老上海情节的非常质朴的描述。它有怀旧的情愫，但是也带出了一些非常

< 枫泾家常菜

枫泾美食 >

张爱玲

独立自信的观念。这是我们现在的女性和 20 世纪 30 年代——一个非常摩登的时代——的女性共通的地方。她们的故事同样也发生在我们的身上。

80 后青年女油画家陆毅,以张爱玲笔下的老上海女性为基础进行油画图解。这是她长期以来在这座都市中的创作源泉。

上海是张爱玲的城,她在这里留下了她的房子、她的作品、

<80 后青年女油画家陆毅

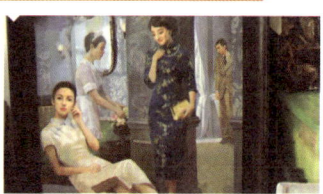

陆毅的油画作品

她的恋情和她的悲凉半生。与张爱玲有关的许多建筑，错落在上海市中心的各个角落，吸引着游客前来观瞻偶像生前的足迹。其中最为著名的要数她的故居常德公寓，原名爱丁顿公寓。这栋楼位于现今常德路195号。张爱玲当时的住所是在615室。常德公寓见证了张爱玲人生中最辉煌的一段，她在这里留下了非常好的作品，比如《倾城之恋》。

20世纪20年代，常德公寓楼下曾经开设过一间咖啡馆，

< 常德公寓

"玲"咖啡馆 >

据说张爱玲经常会来此小坐。如今作家的身影已经不在,这家名为"玲"的咖啡馆,因为张爱玲的缘故,招来了不少游人驻足和留影。陆毅的一些油画也被免费收藏在此,这是她对偶像的纪念。

张爱玲在她的散文《天才梦》中写道:"我从小是个古怪的女孩,被视作为天才,除了发展天才之外,别无生存目标。当童年的狂想逐渐褪色的时候,我发现自己除了天才之外一无所有。"在她众多的比较悲调的文字当中,这体现了张爱玲少女时代对生命的憧憬和希望,带着一些明快的色调。

老上海的名媛历经这座城市的浮华,印证着上海的故事,又以她们的一生色彩惊艳了城里城外的人,她们留下的斑驳老宅岁月悠扬、芳华依旧。与张爱玲有关的许多建筑更宛若沉香,值得细品。对于五湖四海的资深张迷而言,甚至能够以她的生平往事,为我们勾画出一张独属于张爱玲的上海旅游地图。

美丽园对于张爱玲来说,是一个非常特殊的地方。它是张爱玲曾经的先生胡兰成的居所。张爱玲和胡兰成在这里曾

康定东路87号

经有一段美好的日子，这也是张爱玲人生中最波折的一段感情生活。很多人说，张爱玲的悲怆文字让美丽园与美丽无关；也有人说张爱玲的悲剧色彩自童年起已然注定。

跟随陆毅的脚步，我们到达了康定东路87号，一栋维多利亚式的红砖别墅。她告诉我们，故事最早发生在这里。张爱玲于1920年的9月出生在这栋房子里。张爱玲在这里度过了她的童年和少女时代。18岁那年的暑假，在与继母发生口角之后，她被父亲软禁在书房里长达半年之久。就在这间书房中，我们仿佛还能感觉到在那个动荡不安又思潮涌动的年代，一个纤弱的天才少女正安静地读书，她要用她一生的叹息颠倒众生。

最终，陆毅决定以此为背景，创作一幅油画。"我常常穿梭在张爱玲的文字中，企图寻找到我们这个时代与那个时代女性共通的生活表情。在怀旧与现代的交错中，成就上海女性温婉的面孔。"

/ 三 /

胡周斌，沪上一家3D打印设计公司的创始人，通过3D打印技术改变传统的首饰设计，满足更多人的个性化需求是他的创业理念。胡周斌介绍道："3D打印，做的是一个加法的动作，把材料一层一层叠加起来，所以整个设计的想法不会有太大的限制。"

3D打印，作为近年的新兴技术，不但能够满足人们天马行空的设计追求，更是在小批量或定制化的生产过程中，跨过了所必需的开模工序。这极大地节省了成本，也为传统的首饰品制造行业提供了一种全新的模式。早年在英国研读工业产品设计与艺术摄影，胡周斌归国后的事业可算是学以致用。而追根溯源，支持他致力于此的创业热情，源于他长期以来对科技与设计的赤子之心。胡周斌说："其实平时在工作繁忙之余，我

上海科技馆 3D 体验区及 3D 产品展示

会到科技馆感受一些新兴的科技。那里有一个 3D 打印的专区，给小朋友甚至成年人提供很多好玩的体验。我也从小朋友身上学到了一些创意以及新的思维方式。"

上海科技馆，作为一家全国领先的科普场馆，既是国家一级博物馆，更是国家 5A 级旅游景区。目前已累计接待 3000 余万人次，深受各年龄层次游人的喜爱。上海科技馆的理念，是以自然、人、科技为主题，总共包含了天地、生命、智慧、创造、未来这五大板块，有 12 个主题展区、4 个特种影院、6 个新媒体剧场和 2 个浮雕的艺术长廊。

不同于其他博物馆的展出模式，上海科技馆不单以日新月异的高科技展品为主，还力求摆脱陈列室的感觉，与观众形成一种互动的氛围。这里的特种影院更是能够让观众沉浸在科普的世界中。IMAX 巨幕荧屏宽 24.3 米，高 18.3 米，相当于 6 层楼高的大厦。为了保证荧屏上的清晰度，采

上海科技馆

用最大的 70 毫米、15 孔的胶片。观影的感觉，就像带着虚拟现实的眼镜，身临其境。

上海科技馆的特种影院，由巨幕影院、球幕影院、四维影院与太空影院构成，为亚洲规模最大的科学影城，年放映量更达到 8000 场次。特种影院不单从国外引进各类科教影片，更自主原创了大量的纪录片和立体电影，寓教于乐，力求与时俱进。

/ 四 /

张瑞，出生于建筑设计世家，自儿时起就随着父母在外滩附近的华东建筑设计院长大。而如今，张瑞自己的公司也设立于外滩周边的四川中路上。作为一个深受外滩海派建筑熏陶三十多年的建筑设计师，他以独特的专业视角为游人发掘外滩背后之美，那是一张常常被外来游客错过的丰满面孔。张瑞一直想有一个机会，向更多的人推荐外滩背后的风景。

外滩背后的风景

"外滩，自上海 1843 年开埠以来，直至今日依旧还在不断的修缮中。沿着黄浦江一线，外滩背面的建筑群落不断向西延伸，经历 170 多年的悠悠岁月，伫立于城市百年的风风雨雨中。我公司的隔壁就是汉口路，其实和外滩就隔了一条

阮玲玉　胡适　鲁迅　爱因斯坦　罗素

名人足迹

马路，出来可以看到我身后的这栋建筑。这是我非常喜欢的一栋建筑，在西式的古典的建筑风格上，还糅合了一些中式建筑的特点，比如汉白玉的底座、上面的檐口、六根科林斯的柱子和门拱。用中国的建材，造了一个非常典型的西式建筑。"

汉口路，自1862年得名，屈指算来，已存在150多年。这条路闹中取静，不显峥嵘，却见证着上海的百年沧桑。有一代代的名人在这里留下足迹，从罗素、爱因斯坦，到鲁迅、胡适、阮玲玉。许多往事淹没在这些老建筑中，等待着后人的发掘。仅仅跨过一个街区，汉口路的建筑群落已极具风格却名声不显，藏着低调的美景。

"这栋建筑是原工部局大楼，它严格遵照了古典建筑的比例。如果在巴黎街头看见，你会发现有很多建筑和它几乎是一样的。它建造的时间非常长，从1914年建到了1928年。它所有的细节都是用石材雕刻而成的。在这栋宛若欧洲古堡般的建筑对面，还有一座美轮美奂的巴洛克风格教堂，悄然诉说着往事。"

汉口路的建筑群落只不过是外滩背面海派建筑的极小缩影。要一睹外滩的全貌，还要去一街之隔的九江路，周边的金陵东路、四川中路至四川北路，等等。

外滩不仅仅是黄浦江一线，它包含了非常大的片区。每一栋建筑都有很多的故事，每一栋建筑都有很多的美，等待着我们去发现。

| 五 |

阿仁，来自中国台湾省台中市，在上海松江从事台球杆的手工杆定制工作。台球，在很多人的眼中一直都是西方人的领域，更何况是球杆的制造。作为业内少见的华人面孔，阿仁夫妇可算是白手起家，选料、计算斜率、设计、镶嵌等工序，都离不开两人的亲力亲为。

在一个寻常的日子，位于上海市松江佘山旅游度假区内的辰山植物园迎来了两位常客。按照惯例，阿仁夫妇将在这里享受每月仅有的两天假期。即便尚未开春，园内的一些景区略显萧瑟，却毫不影响两人的兴致。因为他们知道，无论何时，这里的温室都不会让人失望。

阿仁说："做我们这一行，每天接触的都是各种木料。辰山植物园离我们家十分钟路程。我们常来这里，可以看到树木原始的样子。感觉这里可以拉近我们跟木头之间的距离。"

辰山植物园，占地面积2.07平方公里，目前已收集超过一万种各具特色的植物种类。园内的室内温室由热带花果馆、沙生植物馆和珍奇植物馆三部分组成，是亚洲最大的展览温室。整

阿仁

辰山植物园

个温室群规划巧妙、景观独特，更是作为一个不受气候与季节限制的景点，成为无数都市人群减压放松不可或缺的极佳去处。

"我们做设计，长时间盯着电脑，眼睛就很容易疲劳，再加上我们需要高度集中精神，因为一个失败的镶嵌就会毁了整把球杆。这么高压的工作，使我们特别喜欢出去走走，到那种完全不需要思考的地方放松，让心也变得平静一点。"

早在十多年前，阿仁就萌发了将中国传统美学工艺运用

将中国传统美学工艺运用于台球杆上

于台球杆上的想法。直到近年，华人选手在台球世界纷纷崛起，才让夫妻俩下定决心在上海开始了行动。

"在我们这里，有很多美国、欧洲等西方师傅做的球杆。西方球杆都是以几何图形为基本架构。在过去，大家看到的球杆几乎都是这个面孔。这里有几把是我们工作室的作品。我们将中国的窗花、金银错、印篆体运用到球杆上面。整个球杆市场上因此出现了一个全新的中国面孔。渐渐地，大家会知道这是上海面孔，因为这杆子是从上海做出去的。"

如今，阿仁作为美国手工杆收藏家协会认证的唯一华人制杆师，他的中国风球杆正式步入了世界顶尖行列，不单被许多国内一线球手认可，甚至连一些西方球手也成了他的顾客。

"亨得利（绰号'台球皇帝'）来中国打中式黑八，他拿的就是这一款球杆。你可以看到上面有中国的边框艺术、中国文字。我相信中国人看到的时候，应该会跟我一样，心里有所感动。"

在阿仁的工作室短暂停留之后，夜幕也已降临，两人在繁忙的工作之余难得有休息时间。除了植物园的定时散步之外,仅剩的休闲时刻自然要与朋友相聚。在闹市霓虹中的一间酒吧里,阿仁夫妇的几位好友已等待多时。"我们来到上海,发现上海真的很大。很多朋友都在上海,但是来这儿之后,发现距离很远,见面并不是很容易。刚好老外街这个地方,非常适合我们相聚。因为我们平常会把做好的球杆带来这边,跟朋友聊聊天、喝喝酒,把玩一下球杆、打打球。我觉得这个地方挺好的。"

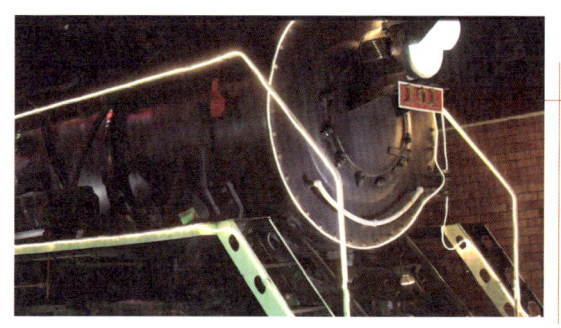

上海老外街

上海老外街景区,是位于虹梅路的一处休闲地标。这里曾是毛泽东 101 火车专线铁路中的一段。随着城市建设的发展,101 专线铁路现已停用,周边遗留的老厂房改造一新,转身成为融合多国主题于一身的国际化餐厅、酒吧特色文化街。

"因为我们每天工作所面对的,都是一样的机器一样的设备。有时候久了,心理和生理都会产生厌倦。所以我们喜欢在放假休闲的时候,跟朋友约在老外街。吃好吃的东西,放松一下,那种感觉会让心理的麻痹感消失。"

作为名副其实的美食联合国、休闲新天地,老外街不仅是展示各国饮食文化及风俗民情的最佳窗口,也是上海夜色中一张多情的面孔。无论你来自何方,都能从这张面孔中找到与自己合拍的表情。

"来上海圆了我好多的梦。以前想都不敢想的事情,在这边两三年内都——实现了。非常开心。现在回台湾其实有些不适应,我们越来越习惯上海的生活方式,也越来越欣赏这座城市。"

著名诗人希克梅特有一句名言:"人的一生有两张面孔不会忘却,一张是母亲的面孔,一张是城市的面孔。"

上海,历经沧桑,又充满活力,能用来形容这座城市的词汇有许许多多。它们代表着上海不同的侧面,被人铭记;又随着这座城市的高速发展不断变幻。生活在上海的每一个人,都会被上海的独特魅力所感染,用自己不停变换的脸,跟上城市的步伐,密不可分、共同成长。

第二季 / Season 2

第一章 / 亲子游

情感缺失是许多物质经济高度发达的都市的城市病。维系任何情感最真诚也是最有效的方式，只有长足的陪伴。

随着80后生育高峰的到来与二胎政策的开放，亲子游成了近年也将是未来很长时间内最火热的旅游出行方式。

房车作为一种独特的出行交通工具，也是多变的旅行居住空间。在欧美，将家安在轮子上的房车旅游有40多年的历史，早已是城市人个性生活方式的一部分。房车露营的亲子旅游形式近几年来在上海十分流行。

房车

| 一 |

"小朋友们，时间到了，我们该出发啦！"

郭小姐在一家全球知名的房车配件品牌公司工作。她和自己的家人朋友都是上海房车旅游的先行体验者。

"因为工作潜移默化的影响，我很享受开着房车和家人一起旅游的过程。"

"在营地里做饭和家里有点不一样。我要时刻考虑小孩的营养膳食搭配。夏天容易暑热，我会给孩子熬绿豆汤，还要搭配黄瓜、胡萝卜这样维生素含量高的蔬菜。和那么多营友聚在一起，偶尔带点小酒喝喝，感觉很惬意，孩子们也很喜欢这样的短途露营。"

孩子们在野营的路上 ｜ 一家人在野餐

青浦区是房车营地的集中所在地，朱家角古镇、上海大观园、东方绿舟、上海太阳岛等景区或景点环绕四周。

"现在很多人可能对房车有误解，觉得这是普通老百姓接触不到的事情。其实，工薪阶层拥有一辆房车，并不是个遥不可及的梦想，像这种二三十万的房车，很多家庭都是可以负担得起的。而且这个大玩具可以带给我们很多乐趣。现在的家庭越来越重视孩子的教育，主张在玩耍中学习和成长，解放他们的天性。平时我们带着孩子出去旅游时,开着房车会非常方便,能带很多火车和飞机都不让带的东西,也能看到一些别样的景致。"

愉快的时光总是过得很快,转眼到了吃晚饭的时间。郭小姐一家和朋友们迅速搭建起一个户外临时用餐场所。房车立刻变成了简约的厨房和餐厅。

随着人们旅游个性化需求的增长,各项基础设施也逐步趋于完善,露营旅游已成为旅游业发展的新趋势。亲子游、房车之旅,在未来的上海乃至全国,必将更快速健康地发展。

随着二胎政策的开放,上海许多80后白领父母都动了生二胎的心,也有不少已经身体力行。不同于这座城市的绝大多数80后,闻婕佳和武彪夫妻俩不请保姆,不靠老人,更令人惊讶的是,两人都有着全职工作,纯靠夫妻俩自己照顾两个孩子,家里大小事务也全靠自己。

"其实我们晚饭也很简单,但是营养很充分。今天我要用煮的方式来做牛排,这个对上班妈妈来说比较方便。"

相约一场圣诞派对,组织妈妈们一起亲子游,是闻婕佳平日最擅长的拿手好戏。别的妈妈搞定自己的孩子,就已经

浦东嘉里大酒店

手忙脚乱、力不从心了，闻婕佳却可以轻松搞定一群。

浦东嘉里大酒店的儿童乐园，是上海许多妈妈群亲子游的绝佳选择，除了自助餐多次被妈妈群私下评选为全上海最好吃的五星级酒店自助餐外，这里的镇店之宝也是孩子和父母都爱玩的大玩具——全上海最逆天的魔鬼滑滑梯，由英国领先的儿童玩具制造商设计制造。第一座是波浪形的，坡度相对缓和一点，很多孩子可以自己玩。第二第三座都让人瞠目结舌。有一段距离近乎自由落体，成人坐上去都脚软，妈

儿童乐园 | 滑滑梯

妈们更没有勇气往下跳。闻婕佳和武彪对自己孩子的教育又让同去的父母瞠目结舌。武爸爸给儿子做了一个榜样，毅然决然地跳了下去。

带娃工作很辛苦，生活中也时常会有小摩擦，但夫妻俩的感情却在这相濡以沫的合作和陪伴中越来越稳固。和谐恩爱的夫妻关系是给孩子最好的早教礼物，有利于孩子安全感的建立，让孩子在成长的过程中紧紧地被爱包裹。"等我老了，翻开每一年的结婚纪念照会有不同的回忆。还可以跟子孙后代讲一讲，当初我跟你们爷爷是怎么样的，我觉得很开心，而且可以让孩子看到爸爸妈妈有多恩爱，他们也会很开心。"

这位二宝辣妈，给所有想生二胎的妈妈都打了一针强心剂，告诉她们，妈妈可以做得这么出色。

/ 二 /

上海的对外交流异常频繁。上海姑娘嫁作外籍媳妇儿的不在少数。

"我们到意大利住了一个多月的时间。那个时候,女儿刚刚开始说话,就跟她爸爸说上海话,她爸爸听不懂,很崩溃,觉得自己没有办法和自己的女儿沟通。"

<Kiki 母女和 Jessica 母女在泡温泉

温泉大棚>

Kiki 是一个地道的上海女孩。2009 年她结识了被派到上海分公司工作的意大利丈夫 Dario。Dario 以前是个划艇运动员,后来改行做了工程师,不得不在世界各地飞来飞去。虽然父女之爱是天性,他们一见面总是玩得不亦乐乎,但是 Dario 经常在国外出差,长期和妻子孩子分居两地。

爸爸经常不在家,带宝宝玩的任务自然落到了妈妈身上。上海的冬天虽鲜有下雪,但是出了名的刺骨阴寒,室外已经不适合小宝宝玩耍了。Jessica 和女儿 Audrey 是 Kiki 母女的好朋友,经常组团亲子游。Jessica 也是外籍媳妇,丈夫是意大利血统的美国人,同样的涉外家庭背景让她们有许多共同语言。

采摘大棚

  位于上海市松江区泖港镇的浦江源温泉森林度假村是此次Kiki和Jessica两对母女旅行的目的地。浦江源是三江汇流之处，安吉大蒸港、太湖太浦河、金山白牛塘奔流至此。这里的SuperE别墅被誉为会呼吸的住宅，是可以整栋出租的家庭型度假豪华别墅。它采用世界首屈一指的建筑技术，使别墅内外空气负氧离子含量相同。健康的建筑材料、会呼吸的通风系统和加拿大顶级设计师的空间设计，保证了入住度假村的非凡体验。建在树上的树屋拥有独立庭院，适合情侣居住的泰式小木屋以及各种风格的欧洲别墅，为游客提供了不同的住宿选择。

  采摘大棚、市民菜园，种植的全部是时令有机蔬菜，游客在这里可以采摘蔬菜和水果。从地下自然涌出或人工钻井取得的，且水温高于20度并含有对人体健康有益的微量元素的矿水称之为温泉。温泉游十分适合带着孩子体验。温泉大棚占地2600平方米，种有榕树、波罗蜜、空气凤梨等多种珍稀的热带植物，纯净的泉水在池中环流，在奇石与热带植物的环抱下，形成12个独立的小池。

  有个忙碌的丈夫对Kiki来说，是家庭生活中最大的困难。

平时独自照顾孩子有种说不出的苦。"其实我们最大的困难就是两地奔波。我经常半夜一个人一手抱着女儿不让她哭,然后一手冲奶粉。我跟我老公也抱怨过,但他身上那种意大利男人特有的浪漫与温柔,给予了我对婚姻的信心。"

幸福的家庭总是相似的,夫妻相濡以沫,宝宝聪明可爱。家庭是社会的细胞,是美好、活力、和谐的城市最基本的组成部分。随着国际都市涉外家庭越来越多,家庭生活方式愈发多样,幸福也要靠个人书写自己独特的定义。上海,正是这样包容而多元,让每一个家庭在这座城市里找到属于自己幸福的模样。

| 三 |

"我们想通过这一次的夜宿,让他体验一下男子汉那种独立生活的感觉。"

夜宿,引爆了申城亲子游,是最新最富创意的游玩体验。刚出现时,大家都忍不住用网络流行语大呼:你们城里人太会玩。

闻梓翔今年七岁,是建平实验小学的学生,平时在家中,他是父母的宝贝,受到父母无微不至的照顾。这是他第一次离开父母,独自在外过夜。

互动游戏 | 铺睡袋

这是一个只属于孩子的夜晚。夜幕降临，海洋成了孩子的海底王国。逼真的造景、绚丽的灯光效果、贴心的分区、零距离触摸海星、沉浸式体验的泡泡缸，每一种设计都让人耳目一新。这里的游戏互动环节也只为孩子们设计，拿起纸

鲨鱼甬道里的鲨鱼

和笔随手记录海洋小知识。在热带雨林展区，不仅能感受湿润的雨林、聆听鸟儿昆虫的欢快吟唱，还能欣赏各种奇特的水生生物。

　　随着夜宿的逐渐深入，孩子们和海洋生物多了一层与白天不同的牵绊。在梦幻的鲨鱼甬道，小朋友们正式开始准备夜宿。"记住，要把睡袋、地垫、充气枕头放在合适的位置。"学会使用这些他们平时不常见到的物品，成为他们顺利度过这个特殊夜晚的关键。一番努力之后，小闻成功地铺好了睡袋，准备洗漱。通过夜宿这样一种特殊的方式，孩子们的独立生活能力，潜移默化地得到了提升。

　　上海长风海洋世界，坐落于风景优美的长风公园内，全新引进的英国互动式体验，是集大型海洋动物表演与水族馆鱼类展览为一体的综合海洋主题公园。夜宿旅游，给了游客，特别是孩子一个认识此地的全新视角，是"魔都"上海具有魔性的崭新思维。

　　古人云，父母之爱子，则为之计深远。家庭是学生生长的摇篮，父母是学生的第一任老师，良好有效的家庭教育，会使孩子受益终生。亲子游是增进家庭成员间情感交流最好的方式。爱是人生没有尽头的旅行，一路有爱相伴，尽享人生最珍贵的天伦之乐。

第二章 / **美食游**

上海的的味道，是弄堂深处的一碗浓油赤酱的本帮拌面，是金秋时节膏肥菊美的蟹宴大餐，是昔日梧桐掩映的租界地段一顿精致的洋房下午茶，也是流传在民间几近失传的本地佳肴。上海美味地图是畅游上海必不可少的红宝书。上海小棠菜、糟田螺、塔菜炒冬笋、噶香肉、油爆虾、大乌参、扣三丝。有汤有水烧出来的菜，才是真正的上海本帮菜。

| 一 |

聪哥是上海美食圈中有名的美食家，是上海滩的老克勒，是环游世界的生活梦想家。上海美食之旅的第一站一定要吃最正宗的本地味，让我们一起

上海特色美食

正宗上海味

跟随聪哥的脚步,去寻找记忆中的老上海味道。

"我们小时候记忆中的很多地方,已经变了。比如外咸瓜街、油面筋路、火腿路,你们知道吗?过去的烙印一点都没有了,取而代之的是那些时尚的高楼大厦。"

中山东二路东门路口,便是百年老店德兴馆的原址,始于1883年。虽然老店早已搬迁,但聪哥16岁时曾经在上海滩第一家德兴馆短暂做工,看师傅们做菜,和他们一起畅喝扎啤。"当年德兴馆人潮涌动的场景,至今历历在目。这里是我童年记忆的地方,经常来吃饭的地方。对面就是十六铺码头。曾经在这里吃的糟钵头,给我的味蕾留下了深深的记忆。"

如今坐落于陆家浜路的德兴馆已是第三代店址,经历了上海近百年的风云变幻,成为沪上首屈一指的本帮菜馆连锁店。"德兴馆的油爆虾非常好吃。本帮的酱鸭也是非常棒的。这是我们从小吃到大的菜。"

美味是记忆中一连串的遗珠。位于中华路董家渡路路口的"一家春",是聪哥自童年起就记忆深刻的饭店。这是一片古老的街区,还保留着许多老城厢的模样。"这就是以前的一家春。饭店的遗址在这里,也是百年老店,菜都非常好吃。

我5岁就在这里吃饭,想起来已经五十多年了。"

坐落于城隍庙的上海老饭店,前身是荣顺馆,比德兴馆还要早。作为本帮菜的发源地之一,素有"品位源头上海菜,驻足百年老饭店"之美誉。而聪哥与这里有着一段不解的渊源。"我家在丹凤路33号,有一栋石库门房子。在我小时候,租给了老饭店的大厨。所以我从小跟老饭店有很深的渊源。我学会做菜,其实是受那一代人的影响。"

在中国悠长的饮食文化变革中,上海人一直非常重视食材。但现代化的饲养方式,已经使食材的味道与聪哥记忆中的味道大相径庭。"因为以前的食材好,所以

< 上海老饭店

德兴馆 >

加点盐、加点酱油就非常好吃了。那个时候都是自然养法,没有喂饲料、催熟。所以现在食材的味道远不如我们小时候的味道。"

为了追寻记忆中的上海老味道与发扬正宗的本帮菜,聪哥在江南各地走访、挖掘和研究许多已失传的菜肴,最终开创了聪菜馆。

"这个厚的要先煮,趁热放进去。客人吃的时候要是热的。不能有过期的。超过我们储藏标准的,一定要把它清出去。"

做饭店最根本的东西,就是把好的食材用最简单的方法烹饪,不放添加剂,让客人感受食材原来的味道。

聪菜馆，倾注了聪哥对于本帮菜的诠释，以及他自身的理解。

"以前我们做菜都没有加味精的。我们靠什么呢？中国人就是靠黄豆发酵来提鲜，还有一种用食材来提鲜。鱼、肉、鸡、鸭，完全是原始的味道、自然的味道，这才是真正的上海本帮菜。上海菜还讲究美观。浓油赤酱有个要求，就是不能发黑，红的、通透的，色泽看上去是饱满的，当堂吃感觉更好。"

油爆虾

青鱼秃肺，近乎失传的上海名菜。这道菜的做法并不简单，要用清油、青鱼的鱼肝做食材。一道菜需要从好几条乌青鱼中活取鱼肝，再配上切成滚刀状的冬笋、青葱，稍经烹调便嫩如鹅肝，肥而不腻，整块不碎，鲜美异常。

油爆虾，也是一道上海名菜，做法十分讲究。烹饪时炸虾头直到虾眼爆开，虾头里要有一包汤，虾壳里面也要有汤汁。刚出锅的油爆虾，色泽红亮，壳脆嫩肉，咸鲜微甜。

在上海的家常菜中，有一种食材极其廉价普通，但在聪哥的手下却焕发了新生，做成了色香味俱全的美味佳肴——虾酱茭白丝。"茭白的做法很简单，糖一点点，盐一点点。好的菜，就在于那一点点调味，让食材走出来，不是让调味走出来，这样才能做好菜。"

二

下午茶起源于19世纪40年代的英国，人们习惯于在下午2点到5点之间享用糕点和茶饮。那个时代英国不同阶层人士的用餐时间都不同,而下午茶文化则作为各个阶层的共同传统,一直沿袭至今并流传至全世界。同时,也在上海这座繁华都市生根发芽。在英国,你会觉得整个国家有种温文尔雅的气质,生活是优哉游哉的状态。但是上海的生活节奏却很快,下午茶让人们以不同的形式,把自己的生活慢下来,去感受自己身边更多美好的事物。

蒋韵,一位曾经赴英留学的上海女子。寒冷的英国天气,与天气截然相反的英国人的热情,令她有了一段难忘的下午茶经历,也正是因为这段经历,让她对英式下午茶产生割舍不断的情根。在英国天气很冷,但和朋友围坐在一起喝下午茶的氛围却让人感觉很温暖。蒋韵在心里默默地对自己说:"回国以后我也要开一家这样的店。"

英式下午茶

万事开头难。为了能做出正宗的英式下午茶,蒋韵使用了最笨拙的方法——搬运。蒋韵介绍说,英国人在吃司康饼的时候,会加上一种叫做 Clotted Cream 的凝脂淡奶油。最开始的时候,蒋韵找朋友帮忙从英国带回这种奶油。但是很快她就察觉出这不是一个长久之计。搬运食材的方式不仅麻烦别人,很不方便,而且每次带回来的淡奶油只能用七天,七天以后就会过期。所以蒋韵开始不断地研发。如今店里使用的淡奶油,就是她和团队研发出来的。

<太原小区

蒋韵的茶店>

从托朋友搬运食材,到如今可以自己独立研发,每一个艰难的步伐,都代表着一名创业者的坚决与耐心,这样的努力,最终得到了很多客人的赞赏和认可。如今,每个闲暇的周末,蒋韵的店里都聚满了很多慕名前来的食客,一场又一场的沙龙与party接踵而来。在这里,他们可以共同分享最正宗的伯爵茶和最新鲜的司康饼。

建于1930年的太原小区,因早期有很多外籍人士居住,被称为外国人弄堂,也是上海至今保存最完整的西班牙建筑群。心怀庄园梦的蒋韵,一眼就爱上了这块闹中取静的清雅之处。

"那年的十一月份,我第一次见到这个房子,觉得这就是我心里想要的那个样子,然而昂贵的租金让我望而却步。但是看了它以后再去看别的房子,就有种曾经沧海难为水的感觉。后来我们就咬咬牙,把这房子给租下来了。"

错落在上海的老洋房多不胜数，各国租界遗址成为喝下午茶的首要选择，徜徉在老洋房的斑驳岁月里，让自己沉浸在一份30年代的优雅中。美食、美景，还有一份闲情雅致，都成为洋房下午茶不可或缺的成分。

"现在很多人更希望到上海的这些老弄堂里来感受一下异国文化。从2014年开始，洋房花园下午茶变得越来越热门，我觉得我们没有找错地方。"在过去，花园洋房是这个城市记忆的一部分，代表了上海近代建筑的一个重要组成部分，今天花园洋房同样引领着洋房下午茶的潮流。

| 三 |

松江——上海文化的发祥地——素有上海之根、浦江之源、沪上之巅的美誉。悠久的历史、璀璨的文化、富饶美丽的松江大地，糅合了与吴越相近的饮食文化特色，孕育了自成一派的松江饮食文化。其中闻名于世的四鳃鲈鱼即出于三秀桥及四周水域的美食之府。其肉嫩肥鲜而无腥，滋味鲜美绝伦。可是不经意间，曾经人们心中最鲜美的味道已不复存在，成为一代松江人一生的念想与遗憾。

四腮鲈鱼的故乡——松江

"四腮鲈鱼喜欢在清澈的水里生活,为什么后来灭绝了?就是因为环境污染。生态环境变迁了,它在里面就生存不下去了。"来自复旦大学生命科学学院的王金秋教授是四腮鲈鱼研究的第三代传人。

王教授从1999年开始研究四腮鲈鱼的养殖。伴随着松江十多年的日出日落,她雷打不动地坚守着这份工作,将所有的精力全部投入到对她来说意义十分重大的这项研究中。王教授通过到四腮鲈鱼的产卵场里去了解鲈鱼的生活环境,然后再在实验室里进行模拟。当四鳃鲈园成功地建在松江永丰街道富永路上的时候,王金秋依然坚持每日定时测量水温,观察这些鲈鱼的生存状态。

< 四鳃鲈园

工作中的王金秋教授 >

正是她这样日以继夜地守候,使得鲈鱼不仅可以不断地繁殖,不断地延绵后代,而且回到了人们的餐桌上。

作为食材,四腮鲈鱼的品质很高,它没有鳞,烹饪以后肉也不会失去嚼劲。独特的习性给鲈鱼带来了独特的美味,自古便引来名人食客的追捧,不仅使康熙皇帝为它写了松江鲈史记,还作为一条国鱼跻身于1972年尼克松访华的国宴之上。

王教授的鲈鱼养殖园,完全是生态模拟,与野生的松江鲈鱼的质量完全一样。"人们都说我们这儿的鲈鱼又重见天日了。"王教授说道。

几十年来，王金秋不仅致力于将鲈鱼带回松江，还经常邀请松江当地的老人与学生来参观鲈鱼的养殖基地，品尝鲈鱼的美味，让传统饮食文化在老一辈中回味，在年轻一代中传承。"吃到嘴巴里有种自然的鲜，那是调料调不出来的鲜美。"

繁复的科技，让松江鲈鱼回归故土；简单的烹饪方法，让松江鲈鱼释放最原始的美味。

传统的鲈鱼做法即是调入熬好的鸡汤，配上火腿与笋以提鲜。虽然方法简单，却是通过化繁为简的过程，更好地突出鲈鱼肉质本身的鲜美。王金秋张罗的一桌子松江鲈鱼宴，不仅因鲈鱼的特殊产生了别样的鲜美，更不乏一些新研发的菜式品种。其中上汤四鳃鲈、莼菜鲈鱼汤、雪笋松江鲈汤、四鳃鲈八生火锅，都是由珍稀的鲈鱼为主要食材而改良的菜式，使传统美食在时代的变迁下更具有革新与创意。

松江城外，秀野桥下，四腮鲈鱼，味绝天下。上天赐予四腮鲈鱼的是让人流连于齿的美味，人们赋予这鲈鱼的是历史的传承、文化的积淀与松江百年的老味道。永传这份醇鲜之味更是松江人的永恒事业。

/ 四 /

在中国，关于螃蟹的饮食文化源远流长，尤其是上海人吃蟹，全国人民由此竟能品出上海人的心性，说上海人把一只螃蟹从日出吃到日落，一只蟹敲骨吸髓后还能拼成原样。

流传在江南一带吃蟹的专用工具是蟹八件：腰圆锤、小方桌、镊子、长柄斧、铜羹、长柄叉、刮片和针。被博大精深的中华文化吸引的外国人数不胜数，但要论起吃蟹的学问，是非要到上海来见识。加拿大籍华人 Cam 热爱尝试与挑战新鲜事物，因此早年在传统媒体工作的他，终究耐不住枯燥的

< 王宝和大酒店

大闸蟹 >

工作节奏,大胆转战新兴的自媒体行业,从事与美食相关的媒体运营,自编自拍讲述美食的视频。

"这儿的人和加拿大人非常不一样,上海这座城市有着独特的魅力。2010年我来到中国,学了一年汉语。一年之后,我在上海电视台的上海外语频道(ICS)工作。这是上海唯一一个英文频道。对媒体运作有了初步了解后,我决定做自媒体行业。"

Cam在不食淡水蟹的欧美饮食文化中生活长大,对于他而言,蟹文化实在神秘又有趣。他觉得如果加拿大有大闸蟹,一定会大受食客们的欢迎。

作为中外游客沪上吃蟹的不二选择——王宝和大酒店,也是Cam不容错过的探索之地。

中华老字号王宝和酒家是上海最早的酒家之一,每年都有大批来自世界各地的游客、品蟹爱好者、名人异客陆续汇聚到此,品尝最顶级的中华名品。为了适应中外游客的口味,王宝和酒家在菜式与口味上不断地推陈出新。菊花蟹宴、蟹酿橙、菊花对蟹等菜肴誉满全球,蟹粉豆腐更是将传统的豆腐从普通餐桌搬到了宴席之中。

来到老字号食蟹,掺有蟹粉的各式衍生菜,才是吸引像Cam这种食客的重量级砝码。与精细考究的吃蟹步骤相比,经过厨师们手工拆出的蟹肉吃起来更加方便,更加豪爽,也更加能够满足餐桌上那些如Cam一样豪放食肉族的胃口。

做蟹粉的食材必须是大蟹,公蟹一定要三两半,母蟹一定要二两半。为什么要这么大的蟹呢?因为这种蟹拆出来的蟹肉,肉是一块一块的,而不是丝状的。丝状蟹粉吃到嘴里没有口感,唯有大蟹才能品出味道。

"因为大家都慕名来吃蟹,所以我们一定要把蟹做好,不能砸了我们的招牌。我们针对不同的客人提供不同的蟹肉菜式。比如,外国人吃蟹技术不是很娴熟,我们就会把蟹粉炒完后放在蟹盖子里,在烤箱里稍微烤一下,放点西式的原料进去,做成芝士蟹盖也很受欢迎。"

幸运的Cam品尝完顶级的蟹宴,跟随王宝和大酒店行政总厨王浩师傅来到了神秘的后厨。王浩师傅向Cam介绍了做

蟹粉点心

蟹的基本操作和烹饪过程,着实让 Cam 这个门外汉五体投地。这些看似很小分量的蟹粉,居然能演变出如此多种美味的蟹粉点心,让 Cam 叹为观止。

"这儿的螃蟹吃法和加拿大的非常不一样。加拿大人通常把螃蟹蒸熟之后蘸些黄油就开始吃了,非常简单。而在中国,螃蟹的做法却多种多样。"

餐桌上丰富美味的蟹宴与变化多端的后厨并不能满足 Cam。怀着对中国大闸蟹的好奇心,为了更多地了解中国的蟹文化,采集到更精彩的视频素材,Cam 决定前往中华绒毛蟹的发源地——崇明岛,见识最正宗的崇明清水蟹。

蟹,带甲者也,横行者也。其齿生于胃,其耳长于腿。大闸蟹学名中华绒螯蟹,为了买到原产地最为新鲜的蟹,许多上海人不惜驱车千里。然而很多人却忽略了,在上海本地其实拥有最正宗的中华绒螯蟹。崇明岛处于长江入海口,三面临江,东南濒东海,有特殊的咸淡水交接的水文特征。中华绒螯蟹每到入秋时节,纷纷游至崇明岛附近水域,在咸淡水交接的地方繁衍后代。当地渔民将其捕捞上岸,而这最正宗的大闸蟹在当地有着自己的名字——"崇明清水蟹"。

崇明的宝岛蟹庄,不仅以养殖清水蟹出名,还为游客提

钓到大闸蟹的 Cam

供钓蟹捉蟹的体验，吸引了 Cam 前来踏足。

宝岛蟹庄占地 33 万多平方米，主要是以养殖崇明清水蟹为主，也具备农家乐、蟹文化博物馆这样的休闲文化设施。对于只吃过螃蟹却没捉过螃蟹的 Cam 而言，想真正吃到正宗的崇明清水蟹，还要先体验一把玩蟹。

白天，狡猾的螃蟹移动速度很快，想要在石缝中抓住它们非常困难。用饵料把它们钓出来就容易多了。赶上好时机，饵料上面兴许会爬满螃蟹。与吃蟹比起来，Cam 似乎对捉蟹更加着迷，在他眼里亲自动手捕捉鲜活的螃蟹是一件十分新鲜有趣的事情，仿佛让 Cam 回到了小时候充满童趣与好奇的时光。收获满满的 Cam 意犹未尽。

直接徒手上阵捉螃蟹的精彩崇明之旅让 Cam 十分惊喜，这些有趣好玩的素材，足够让 Cam 的自媒体平台上不了解中国蟹文化的外国朋友大饱眼福。

上海特色美味中，蕴含了浓浓的海派人文情怀，这正是上海之城的灵魂所在。

第三章

留洋游

上海,一座老牌的国际化大都市,早在20世纪二三十年代,西方现代文明就在此登陆。西方精英所留下的时尚气息与生活方式,自此在这座冒险家的乐园扎下根来。

所谓海派,说到底就是一种洋气。一座城市的发达程度,由它的餐饮文化可见一斑。改革开放以来,越来越多的异乡客来到上海,亦将自己家乡的美味融入这座城市。从早年淮海路的红房子、四川中路的德大西菜社,到如今虹桥开发区的日料、闵行的韩国街,乃至东南亚菜、意大利菜等异国美食,在上海都已屡见不鲜。更有许多极具异域风情的独特餐厅在上海悄然流行,不断丰富着这座国际化大都市的食谱。阿根廷秘鲁餐厅便是其中的新秀。

< 国际化都市

| 一 |

如果你来到阿根廷秘鲁餐厅就餐，你会看到老板 Diego Ferro 说着一口流利的中文亲自为你服务。

Diego Ferro 是一位地道的阿根廷人，与中国人沈兼在热情奔放的阿根廷相遇相知，彼此更因同样热爱阿根廷文化而结为至交。在沈兼的帮助下，Diego Ferro 来到了沈兼的故乡上海。二人从好朋友变成了餐厅合伙人，携手创立了 EL Bodegon 阿根廷秘鲁餐厅，并致力于将阿根廷顶级牛肉、特色的皮斯科酒等南美洲的本土特色美食带给上海的人们，让更多的亚洲人了解遥远的拉美文化与独特的美味。

"Bodegon 的意思就是轻松休闲的乡村氛围。为了把餐厅装潢成地道的阿根廷风格，我们专门到古董市场把这些普通的木头打磨旧，营造轻松古朴的氛围。这些椅子也都是从古董市场买来的。拥有明显的阿根廷秘鲁餐厅装修特色对我们而言非常重要。"

带有浓浓的乡土庄园的气息，纯朴中透露出一丝热情与浪漫。虽然 Diego Ferro 和沈兼在餐厅的装修风格上极尽心思，却并没有在开业初期招揽到很多客人，空荡荡的餐厅遭遇到了第一次困境与低谷。鲜为人知的菜色，在以西餐为主

阿根廷秘鲁餐厅

亲力亲为的 Diego Ferro

流的上海很难顺利推广。为此，Diego Ferro 与餐厅合伙人沈兼商量了许久，决定用真诚的服务与精良的食物征服上海。

"给客人提供服务都是我们合伙人亲自去做的。有负责做饮料的、有负责上菜的、有负责点单的……到目前为止这种精良的服务的态度和方式渐渐地变成了我们餐厅的一个竞争优势。"

< 阿根廷牛排

秘鲁小饼干 >

Diego Ferro 与沈兼用自己亲力亲为的方式激励餐厅的员工，用家庭的模式去经营整个团队，这是他们的经营理念，更是他们从南美带来的纯朴民风。

南美人热情奔放，待人诚恳。食物更是传递情感的承载物。海鲜饭、海鲈鱼、秘鲁小饼干、皮斯科酒等等，都是南美最地道的特色食物。排名世界第三的阿根廷牛肉是这家餐厅的招牌。"阿根廷的牛排和中国的有许多不同之处。因为阿根廷是草原国家，盛产牛肉，所以它的肉质很紧。搭配阿根廷红酒或者鸡尾酒，入口度非常饱满。这也是很多人选择阿根廷牛排的原因。"

在上海，饭后来一份精致的甜品，是传统的饮食习惯。在阿根廷秘鲁餐厅就餐的客人，也可以享受到正宗南美风味的甜品——特色的秘鲁小饼干。貌不惊人的小饼干,却内涵丰富,历史悠久,着实惊艳了很多食客。两块饼干当中夹的是黄油,这是秘鲁当地人的经典家常吃法,十分正宗。

  Diego Ferro 的阿根廷秘鲁餐厅每个月都会尝试不同的促销,为顾客准备新的菜品,这样每位新来的顾客都会尝到新的菜品。"通过这种方式,我们可以保持活力,因为我们总是寻找不同的食材,研发新的菜品。"

  阿根廷秘鲁餐厅因异域风情的美味逐渐被大众熟知,并且得到极大的认可。餐厅所在的巨鹿路,夹在繁华商业街淮海西路、南京西路之间,是上海少有的没有公交线路的马路。安静与喧嚣交织,不张扬的异国风情充满了整个街道。满眼的异国风情,让人错觉飞离了上海,静谧与自由的气息无处不在。

二

  上海荟萃了全球文明的精华,招揽了全球精英。遥远而又陌生的异域饮食文化,随着这群异国人士,漂洋过海来到这里,落地生根,开花结果,开拓了上海饮食的范畴,更为上海增添了一抹异域风情的文化色彩。

迪士尼乐园

迪士尼乐园

2016年上海举世瞩目的大事,莫过于全世界第六座迪士尼乐园落沪了。中国第一座迪士尼乐园在香港,上海是第二座。迪士尼乐园为上海带来的游客数量是惊人的。作为中国最洋气的城市之一,有了迪士尼乐园的上海更显国际一流大都市气质。

迪士尼乐园是全球孩子们的欢乐天堂,新兴发展起来的迪士尼商店,更成为体验与购物一体化的休闲场所。

"作为第一批迪士尼的观众,我是一个忠实粉丝。在很小的时候,我就幻想着能够像迪士尼动画片里的公主一样,在城堡里面过着幸福的生活。"

能够成为上海迪士尼商店的一员,成全了自己小时候的梦想,这是Coppelia从未想过的事情。与其说是一份工作成就了一个梦想,不如说是迪士尼的神奇力量会帮助每一个粉丝达成自己的心愿。

"我很好奇是怎样的一个人物,可以创造出一个个这么可爱的动画形象,并且能够打造出一个如此梦幻的让全世界人都向往的童话世界。我一直怀着憧憬和好奇,没想到二十年后梦想成真了。"

如今,每天都门庭若市的迪士尼旗舰店,更加离不开工作人员背后付出的努力。Coppelia 为了能够将迪士尼的全球标准带到上海商店中,开业前,她带着数位管理层人员专程前往日本商店,进行为期 2 个月的学习,将日本 40 多家迪士尼商店的经营模式的精髓带回了上海。

上海迪士尼旗舰店占地 5000 平方米,是全球最大的旗舰店,拥有全球最大的零售区域。这其中包含了提供沉浸式的购物体验和新奇商品的零售区域,以及迪士尼户外主题广场。相比豪华,Coppelia 更愿意用梦幻来形容这家旗舰店。她认为这更像一部迪士尼大戏的预告片,为 2016 年开园的上海迪士尼乐园做了很好的预热。

迪士尼铁粉们踏着闪着幽幽蓝光的小径,来到不同主题的购物区,在抢购精美可爱的卡通周边产品之余,更重要的是为了提前感受迪士尼乐园的精彩纷呈。迷你版的迪士尼乐园完全可以满足他们这个小小的愿望,将自己置身于奇妙的

< 迪士尼创始人:华特·迪士尼

上海迪士尼旗舰店 >

卡通周边产品

童话世界中,发现其中隐藏的奥妙无穷的乐趣。

"感觉自己又回到了童年,希望大家也可以在这里,找回自己的童心。"Coppelia 说。

上海迪士尼乐园有不少全球之首:全球首个花园主题园区、全球迪士尼首个中国生肖壁画墙、全球首个以幻想曲为主题的旋转木马,还有全球第一座汇聚全部迪士尼公主的城堡。洋气的上海与一批又一批的全球游客分享它的神奇与美丽。

2016年的大上海是一个乐园遍布的欢乐海洋。上海欢乐谷,作为国内占地面积最大、科技含量最高、游乐设施最先进的主题公园之一,一直深受国内外游客的喜爱。锦江乐园是改革开放后上海创办的第一家大型专业化游乐园,成了老上海人心中最快乐的回忆。而迪士尼乐园的出现,为上海的主题乐园文化,带来了全新的精彩瞬间。

| 三 |

本杰明·富兰克林曾经说:"好的葡萄酒证明了上帝希望我们幸福。"

品味酒中的沉淀，体会一份岁月带来的厚重感，是葡萄酒与生俱来的独特品质。

随着人们渐渐开始注重生活的情趣和品位，葡萄酒正式作为一种生活品质的符号而变成人们餐桌上的新宠。

喜欢葡萄酒，源于喝酒时的氛围与情调，并非一醉方休。对于一直执着追求小资情调的上海人来说，他们更习惯在夜幕降临之时，穿梭在红酒的幽暗中，或独自享受片刻的宁静，或与友人分享甘甜的酒香。

葡萄酒

"我跟酒结缘应该是从我出生一百天开始。为什么这么说呢？因为我的祖籍是山东。山东人喝酒非常厉害，我爷爷每天都要喝一小杯白酒。所以在我小时候，他就用筷子沾酒给我喝，我可以说是在酒缸里泡大的。所以我对酒一直有种莫名的感情。"

徐凌，出生在上海，生活在英国。爱运动，爱旅游，忙忙碌碌几年后，通过与葡萄酒的相遇，找到了自己真正想要的生活方式。

"葡萄酒不光是一种酒，还是一种情怀。就像咖啡对很多人来说是必需品一样，喜欢喝葡萄酒的人，都对生活有品质要求。因为葡萄酒不能一饮而尽，它需要慢慢品味。"

充满摩登气息与西洋文化的上海，对葡萄酒的引进与发展是极致的。每当星空璀璨映入眼帘之时,整个城市似乎都飘溢着葡萄酒的蜜香与酒精的淡淡迷情。餐厅、酒窖、酒吧,随处可见的红酒杯高低错落,叮叮当当的碰杯声不绝于耳。而徐凌与葡萄酒的故事,则要从很多年前在法国尼斯的小店说起。

在品酒的徐凌

当时的徐凌对于葡萄酒的产地和年份并没有什么概念,但在一家小店里她遇到了一个非常有意思的老板。"他非常细心地给我讲解了很多酒文化、葡萄的品种、酿造的技术等等。"徐凌说,"从这以后,我对酒有了另一种全新的感觉,每喝一口,我就会去感受一下它的产区、品质,还有它背后的故事,这样喝起来的感觉就完全不同了。"

因一种奇妙的缘分,品尝葡萄酒和收集酒瓶,成了徐凌特殊的爱好。当流连唇间的芬芳消失殆尽,用一个酒瓶来保留一份舌尖记忆,更是对葡萄酒背后的故事和文化的尊重。

集聚人情味与邻里感的弄堂,一直是专属于上海的特产。旧时街景与浓浓的海派文化更是遗存在上海的角角落落。衡山路上的老弄堂内的酒吧,每天夜晚都会引来许多真正好酒之人。在上海,西洋新潮与传统文化得到了完美的融合与发酵。

坐落于乌鲁木齐南路的 ASC 藏酒轩,则蕴藏着更专业的葡萄酒文化。

"我们的酒窖是一个湿度和温度控制得刚刚好的空间,而且尽量避免干扰。如果环境太嘈杂或者光线太强烈,对葡萄酒都会产生影响。"

葡萄酒如人,一样会成熟与衰老。酒体入瓶之后,仍然会有生命及发展,不同的存储条件对其成长有抑损或显扬的

ASC 藏酒轩

作用。因此,恰当的运输与储存方式,对葡萄酒极为重要。

美酒需善存,是沪上各个酒庄一直坚持的存酒文化。保存完美的酒质是第一步,懂得如何品酒,才能领会葡萄酒最醇正的酒香。

在西方,品酒被视为一种高雅而细致的情趣。鉴赏红葡萄酒,更是上等阶层的风雅之举。在上海,品酒如品茶。只怀风月,不识经道,就如耕牛饮渠。

"过去有一种误解,主张通过挂壁程度去看酒的品质,这其实是不对的。挂壁与否只能鉴别酒精度的高低。细细地品尝,你会发现很多有意思的东西。"

生活在一座浪漫都市,品尝自己钟爱的葡萄酒,是上海人追求西洋文化与高品质生活的方式之一。他们不遗余力地探访沪上各个知名酒庄、餐厅、酒吧,在方寸之地品尝从世界各地漂洋远来的葡萄酒,其美味与文化都在上海得到了极致的延伸与传承。

/ 四 /

上海的建筑荟萃了百年历史的精华,万国文化的精髓。有"万国建筑博览群"之称的外滩是百年上海的缩影,而在一江之隔的陆家嘴,东方明珠塔、金茂大厦、环球金融中心等一栋栋现代化摩天大楼刺破云端,与外滩的万国建筑相映成趣。

现代楼宇与古典殿堂的遥相呼应,成为近年来游客对上海这座城市最新的观摩视角。

从某种意义上来说，城市天际线的高度象征着城市发展的高度。经过现代经济高速发展的洗礼，最新拔地而起的上海中心，以632米的绝尘姿态耸立于陆家嘴，让整个城市的天际线再拔新高。

"我参与了上海中心的建设。从最底部开始一直建到632米。我们高楼建设者看城市是俯视的，不像平常人是仰视的。"

< 摩天大楼

上海中心的吊塔 >

魏根生，上海中心建设基地的一名塔吊司机，自1996年参与了金茂大厦的建设，从地面作业转向驾驶高空塔吊之后，他接连参与上海之巅的落成，见证魔都天际线的刷新。

"我们工作的时候，每次吃的工作餐都是由下面的工人打个包给吊上来的，吊上来以后四台车的工人一起分着吃，冬天从来没吃过热的饭。"

摩天大楼汇聚了人类顶尖的建筑理念、对高度的无限想象以及像魏根生这样的普通工人尽情挥洒的汗水。作为上海中心的建设者，艰辛是不可避免的，也是常人无法想象的。从晚上六点做到早上六点，就是12个小时的工作时间。每个寒冬和酷暑，每个白天和夜晚，魏根生一年一年经历过来。虽然工作辛苦，魏根生仍能苦中作乐，始终坚持着

海上奇观——虹 >

< 东方明珠塔吊

自己的业余爱好——摄影。

魏根生把摄影当作自己生活的一部分。在80年代的时候，他不仅拍照片、冲洗胶卷，甚至还自己制作了放大机。即使没有受过专业的摄影培训，也没有闲暇时间进行拍摄，但是上百米的塔吊高空作业，为他带来了特殊的视觉冲击，焕生了独特的创作灵感。他每日风雨无阻地从地面攀爬至上海的最顶端，做常人所不为，看常人所不可见。

2007年，他在国金中心的建设工地上忽然灵感迸发，一张东方明珠塔吊的照片惊艳出笼；2013年，魏根生在上海中心基地的塔吊上创作了一组名为"海上奇观——虹"的照片，获得了全市摄影艺术展览银奖。作品在网上被疯转，赞誉无数，魏根生一时成了大家追捧的红人。上海中心大厦，自此

上海中心大厦 | 俯视上海

逐渐向世人揭开自己神秘的面纱。

上海中心大厦的建筑总高度为632米,大楼造型别致:圆角三角形外立面层层收分,连续120度缓缓螺旋上升,形成了独特优美的流线型玻璃晶体。在上海中心正式对外开放之际,魏根生重回上海中心的观光层,这一次他的身份从建设者变为了普通的游客

"一年多前,我在上海中心的吊车上俯视上海,现在呢,是从118层观光层看黄浦江,那味道完全不一样。挺怀念那个时候的工作场景,虽然工作很辛苦,但是现在再次来到这里还是很自豪的。我是一个参与者,也是个建设者。"

魏根生如今已经年过六旬,上海中心是他最后登顶的大厦,也是他人生最后参与建设的最高楼。但是上海的高楼依旧会不停地建造,人类的建筑能力也会不断地提高,也许在不久的将来,更加绚丽的奇观照片也会应运而生。洋气的上海与一批又一批的全球游客分享着它的神奇与美丽。

上海文化的根扎在长江文明,植于吴越文化;靠近海洋,交通便利,接通海外,得风气之先。在中国,上海是东方文化更新、西方文化嫁接最早的城市之一,是输入西学和新学的前哨和转播站。开埠的一百七十多年岁月,上海的洋气成了海派文化特色中举足轻重的关键词。

第四章
文艺游

把生命浪费在一切美好的事物上,是文艺范儿旅行者们信奉的真理。

城市是个有机体,将艺术注入城市空间,用文化引领城市更新,既可以提升城市品质,更可以提高市民品行。上海的文艺之旅,从脚下出发。

对于城市白领,跑步是一个非常好的纾解压力的锻炼方式。因为没有太多的场地限制,不需要办健身卡,或者用特别的器械。只要一双跑鞋,在任何平整的道路上,就能完成运动。

每天工作之前或者下班之后,走到户外,或在清晨经久不散的雾气中,或在灯光迷离的夜景里,左脚带动右脚,不必在乎快慢,在大

清晨的上海 >

自然的音律中，尽情享受跑步本身带来的乐趣。
在城市的琉璃光影中，追赶健身潮流。

| 一 |

  虞浩，去动健身房的一名员工，主要负责市场推广方面的工作，也担任健身教练，周末的时候还是一个自由摄影师。
  虞浩平时的工作就是把自己的健身理念，通过去动 APP 传达给更多的白领青年和喜欢或者还没有喜欢上运动的人。而虞浩爱上运动的原因，就要从他的大学时期说起了。
  "那个时候我经常路过学校附近的一家健身房，当时就很想去那里健身，可是那时生活费并不宽裕，各方面条件有限，所以我就在想，有没有什么办法可以免费去那家健身房健身。于是就想到，也许我可以成为一名健身教练。"

跑步圣地——武康路　｜　上海市民跑步热情高涨

  在健身房的锻炼，让虞浩的身体和精神面貌得到了很大的改变。运动时挥汗如雨的快感，与身体里每个细胞的跳动，让虞浩对健身的热爱一发不可收拾。
  每周工作日期间虞浩都会在去动 APP 或者微信上组织 2~3 次跑步活动，将有共同爱好的城市跑步族聚集起来。对他们来说，周末相约晨跑，才是打开周末的正确方式。在跑步的过程当中，大家还可以认识新的朋友，变成一种社交手段。

跑步是国内最流行的运动关键词。城市跑步越来越火爆，各种类型的活动更是层出不穷：新年登高、彩色跑、健身跑、10公里跑、半程马拉松等，每一场赛事都吸引了满城游客和市民的眼球。

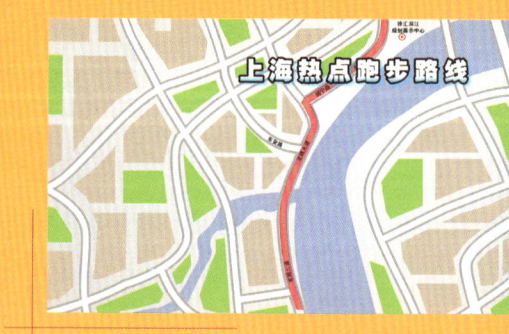

徐汇滨江跑步路线

为了领略上海白天与夜晚的不同风采，跑族们将非竞赛日的日常跑步分为晨跑与夜跑。晨跑可以呼吸清晨独有的清新空气，在奔跑的喘息中，见证这个城市的苏醒；又或者在夜幕降临之时，欣赏上海夜晚迷人的面庞。

"我觉得上班族会比较喜欢晨跑，因为他们平时时间很紧张，在周末的时候可以早点起来，观赏城市的美景。"

爱好摄影的虞浩，对美景有敏锐的嗅觉。肆溢着文艺复兴气息的武康路，是虞浩一行热衷的跑团地点。放眼望去，外形犹如待航的巨轮的武康大楼，依旧屹立在街道的转角，象征着物是人非的沧桑斑驳，见证了上海的兴衰发展。

夜晚的上海似百变的摩登女郎，吸引着都市白领在下班后，抛弃高热量的聚餐。跑步成了这座城市最时尚浪漫的社交。他们一夜一夜地跑，用脚步在地图上，勾勒出迷人的城市线条。世纪公园、徐汇滨江、淮海路等热门之地，都见证着跑步一族与夜上海的一次次约会。

"我最喜欢龙腾大道，因为这边晚上的风景和环境都很好。下班后换上运动服，在这么美的跑道跑步，能释放自己的压力，我觉得特别棒。"

当代都市，物质的高度发达，让人们的脚步越来越快，跑步却神奇地放慢了生活的节奏。以一种文艺而浪漫的方式，重新审视每日的工作，审视生活中的一条条道路、一片片街区，重新发现生活中温柔平和的美。

| 二 |

在上海，与文艺亲近的方式层出不穷。近年，在上海的白领圈内，流行拍摄戏剧写真，这又是白领女性与艺术零距离接触的一种新奇的方式。

"我觉得现在要好好地去爱它，这样哪怕有一天它不存在了，至少回忆起来是没有遗憾的。"

鲁军鹏是一名专业的京剧写真化妆师，圈内人爱叫他lulu。来自山西的lulu热情开朗，经常能够给前来拍摄的顾客带来欢声笑语，制造轻松愉快的气氛。同时在给顾客化妆的过程中，还会向顾客传授京剧知识，专业又热情的lulu得到了大批顾客的狂赞。

Lulu出生于传统的戏曲世家，家庭中的戏曲艺术的氛围，深深影响了lulu的童年和青春期。因自幼耳濡目染，他对戏曲比常人懂得更多，感情也随之愈发浓厚，致使lulu的职业

魅力无限的京剧文化

生涯与京剧走到了一起。

京剧与写真的结合，意味着古老的传统文化与新潮的流行文化的结合，而lulu身上流淌着这样复兴的血液。

京剧写真的亮点，就是舞台效果的妆容，顾客们可以通过京剧写真感受正宗民

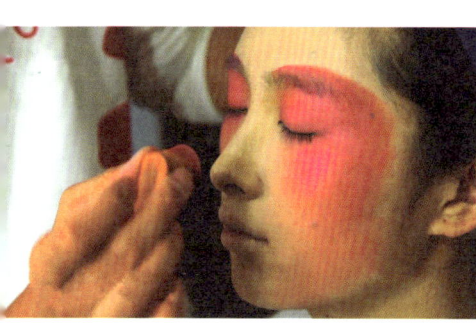

<lulu 为顾客上妆

京剧写真拍摄>

族国粹妆容的魅力，体验揉脸、抹脸、勾脸等不同的京剧脸谱化妆手法。妆成，从幕后走到台前，扮演穆桂英、杜十娘、杨贵妃，一众名角都在自己的身体上复活。站在灯光下，切身感受历史人物的荣宠悲凉与跌宕精彩。

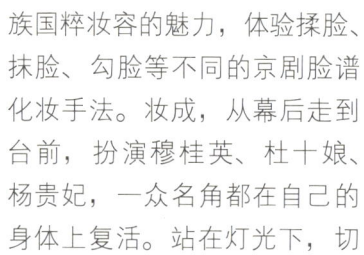

"京剧化妆属于舞台妆的一种，它更强调演员的面部结构并强化五官。脸谱最初的作用只是夸大剧中角色的五官部位和面部的纹理，用夸张的手法表现剧中人物的性格、心理等特征，以此来为整个戏剧的情节服务。"

发展至今，脸谱由简到繁、由表及里，逐渐成为一种具有民族特色的、以人的面部为表现手段的图案艺术，并且已经被大家公认为是汉族传统文化的标识之一。

申城暗涌的新兴潮流中，对京剧不熟悉的游客们，惊艳

京剧妆

的是华丽的服饰和精致的妆容。他们迷恋的是妆容背后与角色合二为一的艺术体验,希望自己能够像舞台上的演员一样成为角色,然后留下自己美好的回忆。

京剧分为生旦净丑四大行,不同行的脸谱自然有不同的画法。lulu主要从事的是旦行的化妆。

"旦行的化妆风格基本上像国画一样,用的颜色是肉色、红色和黑色,颜色比较单一,但是我们需要用这三种颜色,做出千变万化的效果。所以,对色彩的晕染和线条的勾画要求很高。"

京剧妆是浓妆,比生活妆难控制,一旦出现失误,需要演员洗掉重新开始。相较于生活妆,京剧妆对脸谱化妆师的要求更为严格,从业者需要做到胸有成竹,内心对妆容有初步概念,对整体走向有具体规划。

以形传神,形神兼备,是京剧表演艺术家追求的艺术境界,同时也成为京剧写真妆容的最高要求。并非每一个普通人都有机缘可以学习国粹艺术,但体验无门槛的京剧写真,满足爱美爱拍照的需求是大众共同的心声。

当京剧写真火遍上海的时候,用文艺的方式与这座城市亲密接触,也成了最热的旅行视角。

/ 三 /

"生活就像一盒巧克力",这句经典电影台词,像一把钥匙,开启了巧克力与文艺密不可分的关系。

巧克力博物馆是奥地利维也纳的著名旅游景点,许多游客还不知道上海国际时尚中心有一座原样复制的小型版巧克力博物馆——上海珍得巧克力剧院。

<珍得巧克力剧院

巧克力豆>

位于上海杨树浦路2866号的上海国际时尚中心,是"发现新上海"节目组发现的新景点。这里原址是一座棉纺织工厂,改建后的目标是打造成全球第六时尚之都。

沪上虽然有很多DIY巧克力的店铺,但巧克力是如何从一颗可可种子变成甜点的呢?上海珍得巧克力剧院能让游客看到巧克力制作的所有过程,是国内首家集电影院、博物馆和工厂为一体的多功能体验场所。

作为世界八大顶级巧克力品牌之一,珍得诞于1992年,公司规定,每年淘汰最好卖的口味,必须推出新的口味,这样的规则使消费者前赴后继,欲罢不能。

品牌创始人在全球范围内严苛选择所有的有机原料,确保消费者体验到最纯正的美味,享受最甜蜜的旅程。

"下面我们正式开启巧克力之旅!"

游客们的巧克力体验之旅,从品尝可可豆开始。这些来自不同产地发酵后的可可豆,有不同的口味。

"这些没有处理过的可可原浆的味道是苦的,可以往原浆里加各种原材料,巧克力就有了不同的口味。水果巧克力是孩子们的最爱。"

孩子的眼睛永远可以看到成年人看不到的世界,那是我们真实世界的另一面。今天,这个奇幻而甜蜜的梦境在上海成真了,这个世界里的每一堵墙都被刷上了巧克力,小朋友们在这座现实版巧克力工厂中,能够在短短一日之间尝到将近300种不同口味的巧克力。他们来到这里会坚信,童话都是真实的。

"这个是世界上最小的缆车,上面陈列着我们的饮用巧克力,你可以从上面拿一块喜欢的巧克力,然后放到热牛奶里面,等两分钟后,它融化了再搅拌。"

巧克力商店是巧克力之旅的最后一站,游客可以在店内任意挑选本次旅程中喜欢的巧克力。

"我认为这个巧克力工厂做得比较新颖,因为它直接把工厂和店铺结合在一起,

巧克力机

巧克力

消费者可以直接看到整个生产过程，以前我从来都不知道巧克力是怎么制作的，今天亲眼看见，感觉很新奇。还有不同形式的巧克力，巧克力喷泉、水果巧克力，都非常吸引小朋友。"

作为珍得巧克力在欧洲本土以外的第一家巧克力剧院，它让上海市民及游客不出国门便可体验。最具魅力的巧克力剧院，成为上海文化旅游休闲的新地标。

"要建立这样一个巧克力剧院，我们需要有大型停车场，还有各种适合餐饮的硬件，杨浦区政府在项目建设的过程中给了我们许多支持和帮助。" Amy，珍得巧克力剧院的创始人之一，如此说道。

珍得巧克力剧院吸引的不仅仅是来自全球各地的小朋友，任何年龄层的游客在这里都可以调制梦寐以求的甜蜜，为自己爱的人带去独一无二的礼物。这种与游客充分互动，将文化与美食相结合的乐园经营模式，给全球的旅客们带来了充满乐趣的时尚体验。

/ 四 /

"公交车跟电车的区别,就是一个暖色调,一个冷色调;一个偏雄性,一个偏雌性。"

朱明,毕业于上海大学,除了从事的广告设计工作之外,常年在各个高校担任客座讲师,授课内容涵盖绘画、平面设计、影视剪辑等多个方面。

朱明习惯在观看影片的同时,研习影视构图,并将自己的体悟传达给学生。将电影赏析与分镜头绘画结合,进行讲解,是朱明近期尝试的教学方式。

"其实很多学生毕业以后也不一定会从事本专业,做关于平面设计或者装潢装修设计的工作,但是会让他们多一条道路、多一个选择。上课的时候,我会经常带同学们去实践地,比如黄浦公园、人民英雄纪念塔、苏州河等等,我想让学生们体验一下,看看那些青春剧是怎么选景、怎么拍摄的,再回到课堂上去培养他们的兴趣,激发他们对于电影的爱好,这样学习起来更有动力。"

一部好电影会使你眼界开阔,用心思考。跟着电影在上海的电影取景地旅游,也是许多文艺青年梦寐以求的上海定制游。

融汇了中国塔形风格与西方建筑技术的多功能摩天大楼金茂大厦,成为邦德与杀手贴身肉搏的场所;在奥斯卡最佳剧本《她》的镜头下,陆家嘴是剧情中

电影取景地:金茂大厦

电影取景地：徐家汇天主教堂

未来世界的取景地，魔都上海之魔性可见一斑；影片《变形金刚2》中，擎天柱沿着东方明珠电视塔，边降落边变形的帅气身影，令人无比难忘；《剩者为王》中的舒淇在徐家汇留下了一抹亮丽的剪影。

青春片的火爆，让上海众高校成为热门的电影取景地，带活了城市关于岁月与青春的感悟。上海之美，通过电影电视取景地的影视之旅一一展现。朱明希望以游览的方式，让学生真正对自己的专业与影视行业产生兴趣，以更充沛的姿态迎接未来。

"电影本身就是一个能培养审美情绪的媒介，尤其是在上海这样一个具有审美情绪的大都市里，随便到处走走看看，都能发现生活和工作当中的美丽。"

城市因人而生，人的气质决定了城市的气质。上海的文艺渗透在上海人的生活方式中，也浸润在上海寻常日子的喜怒哀乐里。

下班跑步的城市潮流、戏剧写真的悄然走红、对于生活的甜蜜追求、对于电影的狂热追随……这座城市用点滴文艺气息，点亮了每一盏迎客的灯，吸引着来自异乡的旅客，不断探索她的真与美。

第五章

郊外游

城与乡,唇齿相依。在鳞次栉比的现代都市,城郊是人与自然交互触摸的窗口。随着道路和交通工具越来越成熟便捷,两小时以内的车程,城市人如移步换景。以中心城区向城市外延辐射,上海城郊的雅韵,诉之不尽。

| 一 |

凌晨四点,李金龙和李赢春父子开始为全羊宴做准备。

"这八只羊都是我们去散养农家收购的,再运到乡下的屠宰场。大清早运过来的羊肉,非常新鲜,我们马上洗一洗、煮一煮,刚好供应午饭。"

庄行李记羊肉在奉贤久负盛名,是李家三代人祖传的心血,他们是上海本地伏羊节非物质

美丽的郊外之景

文化遗产的继承人。庄行镇隶属于上海市奉贤区，是全国重点镇，庄行最有名的是伏羊节。作为上海市非物质文化遗产项目，大伏天吃羊肉烧酒是奉贤庄行地区数百年来形成的传统饮食文化，并享有"千年伏羊看庄行"的美誉。

李记羊肉

"我下岗后，没有活干，我就想自己搞点什么。不知怎么灵感来，想到爸爸卖羊肉的老生意了。当时也没多少钱，就靠几千块钱起家，开了一个小门面，想做做羊肉试试看，结果一做，做上瘾了。"李金龙回忆道。一般他们选的羊，它的牙齿都控制在两齿和四齿之间，也就是说，羊龄在一岁到两岁。这既能够保证汤的浓度，也能保证它的肉质不会柴。

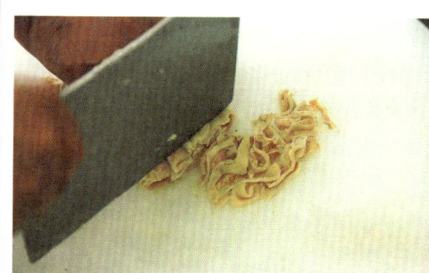

羊肚

父亲李金龙负责羊肉加工，他是李记羊肉第二代传人。李赢春继承了父亲的手艺，作为李家厨艺的第三代传人，同时还负责李记羊肉餐馆的经营管理。"我在经营过程中经常碰到一些对当地羊肉特色不了解的客户，他们会给我们的羊肉馆提一些建议，我也会经常和我父亲探讨。比如是不是应该做一些重口味的风味羊排，或者尝试一下冷气羊肉。"思

白切羊肉

想观念的不同,让父子俩渐渐产生了分歧。

"我觉得我还年轻,一定要把事业做大,两家三家店不是我的目标,我想让我们李记的羊肉走出奉贤甚至走出上海,如果有可能的话,我们还要走出中国,这

享受羊肉美食

才是我真正的想法。所以我和父亲两个人经常会在羊肉馆的发展问题上产生争议。"

李记羊肉的食材几乎尝不出羊的膻味,虽然看上去就是靠一锅煮,但无论在前期羊龄的选择,劈羊、洗羊还是羊的各部位下锅的顺序火候等方面,都有严格把控。吃完羊肉,再吃一个庄行蜜梨,既能去除满口油腻还能满齿留香。现在李记羊肉的规模越做越大,已开出2家餐饮分店、4家超市以及1家做羊肉深加工的实业公司。

美食不仅仅是一种物化的呈现,更是中华民族几千年来文化、情感深厚而绵密的传承。虽然人们在古老与现代的文明撞击中做出选择,但是那些手艺依然被我们眷恋和守望,展示出一个家庭、一个家族乃至一个民族的坚守。

/ 二 /

"马是非常真实的一种动物。它不虚伪,也不会装。一开始接触马的时候,我对这项运动还不是特别热衷。后来骑了一段时间以后,我发现我的胆固醇低了,血压正常了,身体状态得到了很大改善。"

在陆家嘴金融圈,工作多年的林建初与大量城市白领一样,长期受到颈椎病、腰椎病等亚健康症状的困扰。他绝对

陆家嘴金融圈

没有想到就因为爱上了一项运动,他的亚健康症状居然在几年中渐渐消失。

"骑马的运动量很大,骑四十分钟相当于跑步三公里。骑马时整个细胞都在运动,加强了体内新陈代谢,所以对身体的各个部位都是十分有益的。"

林建初是一个马术运动的狂热粉丝,闲暇时经常跟一群朋友飞去内蒙古大草原骑马驰骋,缓解都市工作压力。近几年,爱好发展成事业。在上海滨海森林公园内,林建初集资筹建了一个马术俱乐部。

"在游客传统的印象中,骑马就是有人牵着缰绳带着你坐在马背上走几圈。正宗马术俱乐部,对这种原始骑马印象是颠覆性的。马术培训分为英式和西部,教练都是拿过全国冠军的职业选手。十几年前,上海市政府通过招商引资跟我们的香港企业达成协议,批准由我们出资来建造这个公园,然后就有了现在这个马术俱乐部。"

滨海森林公园为生活节奏快、工作压力大、生活环境日夜被现代化工业所污染的都市人提供了一个环境安静、空气

林建初的马术俱乐部

清新的景点。它是以森林为主体的生态系统，将森林、草地、鲜花、湖泊、沼泽、滩涂、建筑等，组成观赏旅游、娱乐休闲、疗养居住齐备的整体生态系统。

"我小时候就对骑马有种憧憬。后来我想，反正我的公园里面有那么大的空地，不如利用起来，骑骑马试试。一骑就停不下来了。所以我干脆招商引资，引进了一个马场。这里也成为上海唯一的一个可以野骑的旅游景点。"

林建初在创办马场之初，根本不曾想到这个梦实现起来要付出比他想象得多的精力。"那时候我不懂，我以为这种养马的沙很便宜，其实这一个场地要用300多万吨的

< 马厩

骑马驰骋 >

沙子才能填好。我们这里靠湖，雨下得大的时候，因为害怕湖水外溢，淹到马厩，地面需要垫高两米。为了垫高这两米，我们是几乎又开了一条河，再把所有的泥巴垫进去。这些加起来超出我们预算的三倍，但我还是毅然决然地把这个马场做好了。"

人类远古的动物本性决定了人永远都心向自然。许多都市人都感叹，与人处久了，与动物在一起就尤为自在快乐。筹建一座马术俱乐部这一件疯狂的事，让林建初费时费力了一把，而他得到的是，花再多钱也买不到的健康与舒心，这

便是自然神奇的回报。

"骑马不但改善了我的身体状况,也给我的心理带来了好处,它改变了我整个的人生态度,包括我的人生观。以前我的脾气不好,易怒易躁,这都是得失、名利造成的。骑了马以后,物质的欲望还有烦恼都逐渐淡化了。我很感谢骑马带给我的一切,骑马的这个梦想,我不会放弃。"

/ 三 /

"我小的时候跟爸爸经常到庙里去看马灯,到田野上去听山歌。马灯很好看,山歌很好听。"

郁跃峰,松江新浜镇文体中心工作者,上海市非物质文化遗产花篮马灯舞、新浜山歌传承人。

"1980年的时候,我组织了一支花篮马灯队,要穿马灯。当时条件很困难,特别是在做服装方面,由于条件的限制,没有布料,最后拿了老婆的嫁妆。"

每年从初一到元宵,新浜镇村村组队串舞登门,一共有队形31种,有打回龙、蛇蜕壳、双推磨、串如意等等。在表演的过程中为了烘托气氛,穿插一些戏曲人物,像法海、许仙、白娘娘、李三娘等等。相传花篮马灯舞起源于明朝末年闯王李自成的一次起义战斗,他带领男女将相连夜挑灯奋战,最终获得胜利。后人为了纪念这次战斗,用花纸搭成彩马彩灯,敲起锣鼓、跳起舞蹈,再现当年情景。

松江新浜,这偏安一隅的古朴小镇,如今正因文

走马灯

化瑰宝的发掘，越来越为大众熟知。到了七八月份，满池盛放的荷花娇艳明媚，引来游人如织。古时就有"芙蓉镇"之称的新浜镇，历来有种荷花的传统。自2010年以来，新浜荷花节和牡丹节，已成为新浜乡村旅游的闪亮名片。

新浜镇隶属于上海市松江

< 松江的花篮马灯舞

新浜镇景色独好 >

区，历史上曾有"山歌马灯乡"之称，舞的就是花篮马灯舞，同时传承下来另一项上海非物质文化遗产瑰宝——新浜山歌。新浜山歌为农民们消除劳动的疲劳，增添生活的乐趣，通常由一人或二人以上一起唱，后来发展到很多人，甚至十多人一起唱。山歌的内容大多是爱情故事。

"1980年，我开始搜集、整理、挖掘山歌。许多被访老年人口齿不清，所以记录很困难。当时我就想办法借了一台录音机，把老人们演唱的全部录下来，然后晚上回去再一边听一边记，来来回回好几次。我们这一代年轻人会唱山歌的已经很少了，但我觉得这是老祖宗一代一代传承下来的非物质文化遗产，我们应该好好保护它。"

/ 四 /

上海不仅有国际化大都市的气派和繁华，也保留着作为江南城市的温婉和秀丽，在这样一座古意盎然的城市中游走，会觉得自己是在水墨画中游览。上海市西南部金山区枫泾古镇，除了风景如画的秀丽景观，还有一张张色彩和谐、图案各异、精美绝伦的手工丝质地毯和壁毯。

诗人白居易在诗歌《红线毯》中写道，"一丈毯，千两丝"，记述了当时安徽宣州上贡朝廷的红线丝毯的华美。丝毯具有富丽华美的艺术效果，是高级装饰工艺品和收藏珍品。

当代中国艺术挂毯《希望》，曾获得中国工艺美术大师金奖，并在2014年入选中国国家博物馆藏品。"东方明珠塔、金贸大厦、城隍庙、磁悬浮列车等等，都浓缩在这一幅上海的清明上河图上。这幅画有传统的制作，又有现代的色彩，流行色分布在每一个区域。"

程美华女士，是上海金山手工丝织地毯大师，被誉为中国当代丝毯艺术的开拓者，在丝毯艺术的道路上已走过四十个年头。

众所周知，地毯和挂毯一般用羊毛在织机上织成，而金山丝毯厂用的是天然蚕丝人工编织而成，所以它的经济价值和艺术价值远超机织毛毯。一块丝毯，从设计小稿到画大稿，算色、染色、配色、织造一系列工序要花费八到十二个月。四十年的岁月和年华倾注了程美华对丝毯事业的热爱和付出。非典、金融风暴都没有击垮她。作为女性，她

枫泾古镇

把家庭和事业一肩挑。

"每一块丝毯，一个平方米有一万四千四百个线头，每个线头都要打结。在打的过程中，一不小心刀就把手扎得血淋淋的，但我怀着对它的热爱，就算痛了、流血了，也从来没有停止过，一直往前追求我的梦想，也就是一个中国的丝毯梦吧！"四十年来走过了许多艰辛，但是也从艰辛中走向了成功。

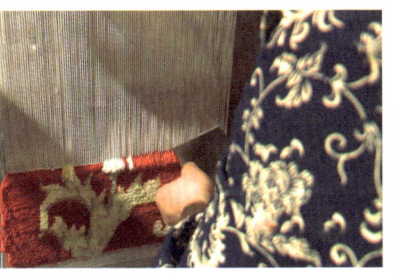 

丝毯制作　　精美的丝毯

枫泾古镇，因地处吴越交界之处，素有吴越名镇之称。古镇周围水网遍布，镇区内河道纵横，桥梁有52座之多，是上海地区现存规模较大、保存完好的水乡古镇。陈皮虾、鱼烧豆腐、熏拉司等古镇特产，更是不能错过的美食。上海的郊外游选择丰富多样，山水风光、人文名胜、古镇老街、水乡古韵、大型室外游乐场和不为人所熟知的海派非物质文化遗产以及田园农家乐，应有尽有。大上海都市繁华的背面有着千种风情亟待游客探寻。

水乡古韵

第六章 旅游节

"我宣布,2015年上海旅游节正式开幕!"

每年金秋,一年一度的申城盛典——上海旅游节拉开帷幕。国内外游客齐聚上海,欢乐满街,全城同庆。人们抓住夏末的悸动与狂躁,嗨翻魔都。

"此时此刻,我们正在大上海时代广场前为您现场直播2015年上海旅游节开幕式,今天晚上将会有来自19个国家和地区的23辆花车和31个表演方队,把我们的淮海路装扮成欢乐的海洋。"

| 一 |

上海旅游节创办于1990年。活动从每年九月的第一个周六开始,历时二十余天,涵盖了

上海旅游节 >

观光、休闲、娱乐、文体、会展、美食、购物等几个大类近四十个项目，每年吸引游客超 800 万人次。

上海旅游节的前身是黄浦旅游节，第一届上海黄浦旅游节于 1990 年 10 月 6 日在南京西路仙乐斯广场隆重开幕。六年后，从第七届盛会开始，此活动升级为上海旅游节。时至今日，规模盛大的上海旅游节，华丽走过了 28 个年头。在这 28 年里，全上海市民见证了它的诞生、成长、发展与飞跃。参天高楼离不开建设者日

< 夏季狂欢

花车 >

以继夜地添砖加瓦，每一口食物都是艰辛播种的果实，一场完美的表演与庆典活动背后更是汇集无数人的汗水与眼泪。

在上海旅游节的欢庆过程中，花车巡游是持续时间最长、影响范围最广的节庆狂欢部分。

花车巡游是旅游节开幕大狂欢的标志与符号，每一年都在淮海路上开一场移动的旅游博览会。各式各样的花车形象生动地体现了参展地区旅游、文化、地标等多重元素。这些花车造型各异，主题多样。设计师围绕旅游节的主题以及各

地区各品牌不同的文化精髓，精心设计每一辆花车。

王步飞是上海工业美术厂创意设计中心经理，2015年上海旅游节老凤祥等花车设计的主要负责人。在当年的老凤祥花车设计与制作过程中，王步飞打破了以往以凤为主的设计惯例，用时尚的造型重新诠释整个品牌的概念。在汇集多方设计精髓之后，王步飞首先要绘制草图，进行前期的创意，然后将设计雏形绘制成三维图，交予制作花车的师傅，进行实际制作。

"一部花车从车子进厂到完成，按正常的情况大概需要二十天左右的时间，根据车型的大小还有它的复杂程度，可能会有一些时间上的调整。"

2015年8月11日，裸车进场，搭建整体框架。最初所有旅游节的花车，都是用毫无装饰的裸卡车进行改装。炎炎夏日刚刚开始，这些肩负使命的卡车，卸载了原有的配件，向上海工艺美术厂缓缓驶来。裸车进厂，只是花车制作的第一步，真正开始动工则需要技术人员制作整体花车的框架结构、扎带线。此时是最需要设计师与工人们密切交流的时刻。工人们如何通过自己的双手，将设计师图纸上的图案完美地呈现出来，全靠这个阶段的拼搏。

王步飞绘制的草图

2015年8月21日,花车的框架搭建完毕之后,工人们有条不紊地开始装灯、接线与糊布以及零部件的制作。一根根钢丝和铁圈,在每位工人的妙手之下,瞬间幻化成栩栩如生的灵物。

2015年9月20日,总体安装调试。靓丽的花车需要生动的造型、璀璨的灯光、缤纷的色彩相互融合,共同绽放。这是一种艺术加工的过程,更是人类智慧独特魅力的体现。此时,工人们正在井井有条地进行着最后的安装与调试。

老凤祥花车

在上海工艺美术厂制作完成的花车一共有五辆,一辆一个主题,分别有老凤祥、美丽乡村、玫瑰盛典等。而这部老凤祥主题花车,则是王步飞与工艺制作者们耗时最久的作品,也成为最贴合2015年上海旅游节主题的花车。

"今年花车的设计主题是海上丝路,围绕习主席提出的经济丝路带主题思想。针对不同的客户,我们也要体现不同的理念和诉求。"

老凤祥作为一个享誉全国、走向世界的著名品牌,在设计造型上要更加与世界接轨,更加具有时尚风向标的特点。

在车头部分,一个造型夸张而富有张力的车头,再配合镂空设计放一个宝盒,里面盛放老凤祥各式各样的精品。曲折五彩的底座,结合折面环绕的激光面造型,代表了老凤祥富于变化而多姿多彩的产品特性。恰似丝绸飘逸的蓝色装饰,中和了底座阳刚之气,达到一种水乳交融的和谐之美,同时又赋予老凤祥在海上丝路中进一步腾飞的美好寓意。车尾的部分,王步飞设计了一个金色的星球,展示着企业的眼光和未来的花车设计理念,达到了品牌与主题的完美结合。

"造型设计寓意着老凤祥走向世界的发展蓝图。老凤祥想把这个家喻户晓的著名品牌推向更广阔的市场。"老凤祥的梦想,也是上海旅游节的创办目标。

开幕当晚,淮海中路的西藏南路至陕西南路段,全长2.2公里的巡游路线,成为欢乐的海洋。23辆风格迥异、各具特色的花车精彩亮相,演绎着新丝路、新旅游、新体验的盎然景象,共同谱写着丝路文化的美丽乐章。

|二|

踏上一方水土,带一份当地特色礼品作为伴手礼,是每一个旅行者都有的习惯。旅游纪念品,成为这种情怀的承载,是游人旅途记忆的载体,也是旅行目的地的名片。历年上海旅游节期间,旅游纪念品大赛都是以公开征集作品与邀请设计团队相结合的方式,来确定当年的最终产品。最终夺冠的纪念品,会出现在节庆期间的各大销售地点与游客们见面。旅游纪念品设计大赛年年都是旅游节期间的重要活动。

"作为产品设计师来讲,我们在衡量产品的选型过程中,可能会有两大方向,即功能和文化。我们考虑怎样把一种传统文化更好地融于一件物品里,让大家能够更加深切地体会到文化在生活中间所具备的一些留念价值。"

杨继栋,上海理工大学工业设计系的老师,数十年来带领学生参加上海旅游纪念品设计大赛,硕果累累。学生里面有很多是土生土长的上海人,为家乡做一些有特色的旅游纪念品,让全国

上海理工大学

<精美的旅游纪念品

设计图稿>

人民能够记住上海的符号,他们也踊跃参与。

"我作为一个新上海人,在学校这种很有上海特色的建筑里面生活了这么多年,加上上海的时尚文化,对我学习产品设计有很多的促进作用。"

城市与人,是艺术设计永恒的命题。人与人、人与物的情感关系,启动着设计师们的灵感方向。

1977年的"我爱纽约",这个城市宣传语曾被许多设计者惊叹,既简单又恒久。杨继栋的设计团队,站在大师的灵感上进行突破。

"我们经常说我喜欢这个城市,是喜欢它的文化、生活方式、旅游景点。那么我们反过来想,对于一个陌生人,这个城市能给予他哪些关怀?所以这也是我们这次主题的出发点——上海爱你。"

游客在旅游过程中,经常携带一些必备的药品,为了避免游客们使用风油精时会在手上留有残留物,于是将瓶口设计成唇膏状,规避了原有产品的缺陷的同时,又掀起了一股上海老品牌的复兴之风。"这是我们对于产品创新和传统文化之间的一个整合概念,我们也希望把这个概念应用到所有旅游纪念品中。让大家觉得这个城市也在关怀着每一个来旅游的人。"

当一座城市被冠以关怀之名,温暖如母的旅游城市的形象,因此奠定。

| 三 |

当人们踏上这块土地之时,觅食就是亘古不变的主题。在每年热闹无比的旅游盛会之中,美味的上海美食,会发生什么样的神奇作用呢?

"上海特色旅游食品的评选,2015年是第六届。最终有26个产品当选。经过五年的评选,总共已经产生了130个旅游食品。我们旅游食品大赛的特点就是三年进行一次复评,它的目的是为了促使产品的升级换代,使产品能够进一步优化。"

高克敏是上海市食品协会的副秘书长,作为本次旅游节食品评选大赛的组织者之一,高秘书长亲眼见证了历年旅游食品评选大赛的成功举办。

经过消费者投票评议、专家评审,从本市诸多食品企业的参选食品中,选出最具有代表性的特色旅游食品。不仅有上海老克勒们津津乐道的老牌食品,如大白兔奶糖、五香豆、蝴蝶酥,还有具

大白兔奶糖

有创新意义的产品,比如克莉丝汀、元祖食品、上好佳、旺旺等。

"覆盖面已经达到整个上海旅游食品的百分之七十。旅游食品有几个重要元素,比如容易携带、价格适中等等,所以我们要求旅游食品不但有上海的地域性特色,而且有海派文化的传承。"

每年一届的旅游食品评选大赛,成就了食品的更新换代与精益求精,同时,也成全了整个上海特色美食的味蕾盛宴。

"我们连续参加了好几届旅游食品大赛,产品越来越多,层次也越来越高。激烈的竞争环境对我们推动

< 蝴蝶酥

克莉丝汀年轮蛋糕 >

上海的旅游产品有很大促进作用。"

越来越多的参赛产品和不断提升的层次水平,对上海旅游食品的发展无疑起到了积极的作用,而在这当中脱颖而出了很多明星产品。克莉丝汀的年轮蛋糕,连续六年参赛,连续六年获奖,成为上海特色旅游食品评选中的明星产品。

"我们今年旅游节的产品是一款年轮蛋糕,因为它的寓意很好,代表着长长久久,像树的年轮一样一圈又一圈。另外我们的制作工艺也非常特别。"

年轮蛋糕保留了传统工艺的制作方法，采用了现代工艺不常用到的明火烤制的方式来保证口感，使蛋糕更香更好吃，也是目前克莉丝汀唯一一款明火烤制的点心。传统的制作方式更好地保留住了上海点心的特色，也成了历年上海旅游食品中的抢手货。

"这几年我们要把上海的旅游食品，真正地打造成上海名片，让外地外国游客到上海来能买到真正心仪的旅游食品。"

/ 四 /

亮相上海旅游节的，还有魅力四射、热情奔放的境外表演队伍，经常亮相的表演团队来自美国、意大利、俄罗斯、瑞士、德国、澳大利亚等，2015年首次来沪参加巡游表演的有捷克、丹麦、拉脱维亚等。

薛京亚是意大利、澳大利亚、印度等五个表演团队的中国领队，团队成员多半都是第一次来到上海。东方城市的一切，对他们有一种神秘的吸引力。

"他们参加这次上海旅游节的活动，都是要自付国际旅费的。这些演员非常认真，他们自己组织了很多的活动来收取门票，或者是销售一些东西，来一点一滴积攒买机票的钱。"

"我觉得上海是世界上发展最快的城市之一。2006年我曾有幸在北京国际工具纪念活动上表演，现在来到上海，我见识到了上海的极速发展，真是太令人惊讶了。"

来自澳大利亚悉尼的 Corey Blake 是这次澳大利亚表演团队的主唱，同时也是他们娱乐快车团体的创意导演。外形阳光帅气的他星味十足，在人群中总是被人一眼发现。孩子们喜欢时刻跟着他，在他们心里他就是一个爱照顾人又幽默风趣的大哥哥。

热情似火的澳大利亚人不仅带来了精彩的舞蹈与歌声,还特意制作了考拉小玩偶,小朋友们将这些小礼物赠送给了在彩排现场的每一个人,表达了澳大利亚的友好与热情。

"对于我们澳大利亚人来说,上海让我们感到陌生又新奇。我们在晚上到处游览购物,享受夜生活。我们见识了这里的霓虹闪烁,上海比拉斯维加斯更大,比纽约更受欢迎。"

各国表演>

<人们载歌载舞

在热闹了18天的欢庆盛典之后,2015年的上海旅游节在国际音乐烟花节的璀璨绽放下闭幕。

/ 五 /

上海国际音乐烟花节始于2000年,开创了亚洲举办国际音乐烟花节之先河。

上海国际音乐烟花节在倾力打造亚洲最顶级的音乐烟花表演赛的同时,通过组织国内最新烟花展示项目,即烟花产品锦标赛,让观众更可以细细品味烟花之形、炫彩之魅。

"我参加了四届音乐烟花节的评委工作,每一届都给我留下了非常深刻的印象。我觉得通过烟花这个艺术形式进行中外文化的交流,是非常有意义的。"

唐萍从2002年的APEC执行总导演开始接触烟花演出以来,每一次大型烟花演出活动都少不了她的身影,包括2006年的六国峰会、世博会开幕大典等,唐萍都全程参与,更与一群幕后工作人员设计了音乐烟花、水上烟花等一系列精彩纷呈的烟火表演。

<上海国际音乐烟花节

灿烂的烟花>

2015年的国际音乐烟花节,将音乐、水上、烟花融合在一起,产生了一种全新的艺术形式,让璀璨的烟火在世纪公园的湖面上更加升华,更加富有技术的含量。

"烟火的燃放不仅要依托于艺术设计,还在于技术的高低。有的时候还真得要天时地利人和,还有环境和空气,包

烟花盛况

括气压、风向等的配合。只有这些元素都到位，一场烟火才能呈现最完美的姿态。"

在烟花展示的现场，来自海内外的音乐烟花燃放大师用烟花的色彩、构图与节奏展现音乐的韵律和意境，为游客编织出反映不同国家文化的美妙梦景，演绎音乐烟花的神奇魅力。

"我觉得用美丽绚烂的烟花来讲述我们的人生，诠释我们的音乐，让广大游客能够在这个美好的夜晚欣赏音乐，又感受烟花的美妙，是一件再美好不过的事情。"

每一个绚烂夺目的艺术背后，都需要有一定的技术支撑。技术与艺术，总是相辅相成。在上海旅游节众多的盛大欢庆活动中，欢乐与付出同样密不可分。也许人们看到的不仅仅是眼前的笑容与喜悦，还有那背后深沉的付出与努力。

上海旅游节，以真诚和欢乐，陪伴国内外游客走过了二十多个年头，是申城无可替代的名牌庆典盛会。每年的旅游节期间，精彩活动数不胜数。节日期间，上海五十余个旅游景点重磅优惠，甚至半价售票，让利给游客和市民，将这老百姓自己的节日，红红火火地延续下去。

第三季 / Season 3

第一章 创智之旅

一百多年前,上海涌入了大量的西方文明,而在之后的一百多年,上海又成为国内外来人口最多的城市。在众多文化的交汇碰撞中,上海成为一座极为开放又融合的城市。

| 一 |

作为上海的地标性建筑,上海中心大厦于2016年落成,其建筑主体119层,总高度为632米。它的整体设计和规范,有着与别的摩天大楼截然不同之处。上海中心大厦,是上海政府全资拥有的。它不是个商业建筑,不用来买

上海中心大厦

卖，它营造的是一个整体的社会小城镇的空间。它不是单一的写字楼，也不是单一的宾馆，它形成的是一个小社会。

在众多生态系统里，归根于文化的、能见证历史、能直观地展现给游客变迁的，莫过于博物馆。在上海中心大厦的37层，有一个世界最高的博物馆。这也是这座超现代的摩天大楼与别处的最大区别。

马未都，著名收藏家、《百家讲坛》的主讲人，同时也是超级畅销书作家，是什么原因让他在上海中心大厦开了一个观复博物馆？马未都说："其实我做博物馆的初衷特简单，就是为了个人的快乐。一开始因为收藏的东西多了，

< 上海观复博物馆

马未都 >

就先办展览。那个时候基本上没有人办收藏展。20世纪90年代初，做过几次展览以后就发现还是有人感兴趣的。我就想，如果把这个展览固定下来，不就是一个

博物馆吗？就是基于这样一个很朴素的想法，二十年来逐渐演化成一种责任。"

走近上海中心大厦这座世界最高的博物馆，门口写着老子的《道德经》第十六章。馆内有个"东西馆"。这个名字的意思是东方和西方文物的结合。所以这个展馆的展品同时具备两个要素，一个东方的，一个西方的。

"我们把这样的展品专门做了一个馆。而上海又是东西方文化结合最好的一个城市,所以我们就在这里设这样一个带有个性特点的展馆,就只在上海设置,在其他地方,我们不会再设置这种馆。"

除了东西馆的内容独特外,其中金器馆的设计也是颇有哲学思想。走进金器馆,便被无穷无尽的金器震撼住。金器馆全部都安有双面镜,这些双面镜不断地折射,正响应了"观复"二字。世间万物,只有静下心来反复观察,才能认清它的本质。

金器馆

博物馆是了解一座城市的窗口,而这个在上海地标性建筑上的私人博物馆用它独特的角度向人们打开了解上海的另一道门。

/ 二 /

随着互联网的发展,公众接收信息的渠道日益丰富多样。人们已经不再满足于平面媒体或者单一媒体渠道来进行信息传播。新媒体以迅雷之势强占着年轻的目光。城市中人人手中握着的这块移动荧屏,成了当今的信息潮流终端。

"二更"公众号上线第三天推出一条短视频,推送不久阅读量就达到 8 万多。这是非常惊人的一个量。这条短视频一夜之间走红上海滩。是什么原因让它得到如此广泛的传播?

视频中的主人公是一个典型的上海老克勒——邬立强,衣着讲究,谈吐不俗。他生活在上海西区的地标性建筑——武康大楼里。这幢公寓楼出自匈牙利设计师邬达克之手,是一道上海人家喻户晓的城市景观。每天浸润于上海深层的历史文化之中,邬立强有着自己独特的人生观念。

"人要活在当下,活得自然,按照自己的方法去做、开心的方式去做。别人问明天怎么办。明天到了,有人饿死了吗?没人饿死,那你慌什么。我接下来要写本书、过阵子我想开出租车去。我觉得挺开心的,天天看到各种各样的人,多赞!活得自由点,没有一条路永远是对的或者是错的,都是对的。"

邬立强的生活理念是这个城市一抹厚重的色彩。他特立独行、与人为善,用自己的方式,讲述着他对这座城市的热爱。"二更"这个短视频平台通过手机将这样的人、这样的理念在上海这座城市传播开来。

王海,二更上海公司总经理解释道:"看过精美的图文,你可能不愿意看阶梯版文字;看过精美的视频,可能你就不太愿意去看一些静止的图文。人的口味是这样不断被调高的。

邬立强

我们的视听产品是用电影感、制作精良的手法，去表现一个普通的人物，凝聚了技术和创意的智慧。"

上海这座基础建设和开放程度位居世界前列的大都市，新兴事物往往在这得到滋润生长。就因为这种前提，使得短视频这种新的文化传播方式在这座城市迅速蔓延。

除了像邬立强这类具有生活态度的人的短视频，关于美食、匠人、资讯等各类的短视频也层出不穷。

Alan Yu 的餐厅

Alan Yu 是一位生活在上海的美籍华人。他是一位米其林厨师，在黄浦江边开了一家自己的餐厅。

"因为从小在美国长大，家里面一直开粤菜馆。我小时候基本上都是在餐厅里长大的，跑来跑去，一直说要做厨师。食材对我来说是非常重要的。比如我现在卖的猪肉脯，选取乳猪的肉，用碳烤的方式，这样口感会更好，而且烟熏的味道很解腻，可以搭配烈酒，也可以给小孩子吃，能随时拿出来和大家分享。"

不管是米其林厨师 Alan Yu 的手工肉脯制作，还是生活在武康大楼的邬立强，每天的上海都发生着这样形形色色的事情。而短视频作为一种更加直观的传播方式，正通过这座城市本有的基础设施和多样性的包容特征，传播给越来越多的人，成为新一代的内容载体。

Alan Yu 的猪肉脯

短视频的推出让邬立强被越来越多的人所认识，他组建了自己的乐队，办起了自己的演唱会。随着智能终端设备的不断普及，随着城市化进程的不断推进，新媒体的崛起正在成为这座城市实体空间的延伸。而短视频作为其中最主要的传播载体，它正在记录着发生在身边的一个个邬立强。

| 三 |

出行工具一直是人们生活的重要部分。随着人类智慧的发展，交通工具也随之不断地变化。人类一直在追求更加高效的交通工具。作为现代文明发展中的东方大都市，上海的交通网络日益发达，但是在这样一座开放融合性极强的大都市里，人们并没有停止对出行工具探索的步伐。上海出现了一种新的公共交通工具——共享单车。它的出现不仅迅速地改变人们的出行习惯，也更加绿色地完善了这个大都市的公共交通网络。

姚呈武，上海摩拜总经理，介绍了摩拜单车是如何产生的："这个想法最开始是非常简单的。我们几个创始人看到整个城市里交通很拥堵、有雾霾、城市生活压力大，我们就想，能否做一款单车，让大家爱上单车，让自行车回归城市，改

 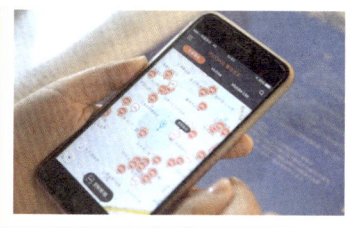

摩拜单车　　摩拜单车APP

变一个城市的发展。之所以称之为共享单车，是因为它属于公共设施，任何人都可以使用。"

Rainy是上海人，她的工作是急救护理。共享单车的出现也在改变着她的出行和工作方式。以前没有摩拜单车的时候，Rainy一般会选择打车去地铁站，但是经常会打不到。有了摩拜以后，她出门的时候就会选择摩拜单车。先打开APP，找一个离她最近的地方，去预约一部单车，预约好以后，就出门找到那辆单车，只需要扫二维码，就可以开锁骑到地铁口，把单车放到指定的白色区域线内。

这种随时取用和停车的"无桩"理念，给人们带来了极大便利，不仅完善了下地铁后去目的地的"最后一公里"便利，也是短距离交通的最好选择。

作为一名急救工作者，共享单车也渗透到Rainy的工作中。"我们出去检查AED（自动体外除颤器）的时候，开车经常会碰到一些问题，包括马路车辆的禁行标志。如果开着车，有些地方道路是不方便进入的。骑着摩拜单车，我就不会担心会堵车，甚至有些比较难进的禁行街道，自行车其实是可以进入的。"

共享单车带来了低碳和更为便捷的出行方式。这种新的模式之所以首先出现在上海这座城市，与上海融合性、开放性的特点密不可分。上海确实是一个非常包容的城市，像这样一种创新的出行方式能够在上海很快普及开来，也就证明了这一点。

余熠，一家共享单车的创始人，他感慨道："上海政府是非常开放的，就整个共享单车这一块，政府其实也做了非常大的支持，包括最近大街小巷有越来越多的停车点被划出来。未来还会有更多的共享单车专用的停车点被划出来，为后续的出行提供非常大的便利。"目前余熠的团队正在研发新一代的共享单车供人们使用。"我们的自行车整个传动系统有别于传统的链条

< 余熠团队研发的
两款单车

三速变速器 >

传动，我们使用的是一种碳纤维的皮带。这在整个的传动效能上来说是非常高的，骑行的感受也非常顺畅。我们在做这两款车的时候，把变速器也做进去了，在整个后轮上有一个内置的三速变速，能满足用户爬坡的最基本需求。无论是老人还是学生，都能够轻松骑行。"

上海是一座非常务实的城市，它所思考的问题就是让人们怎么在这个城市生活得舒服。所以它一直在不断地向外部学习，并且通过创造性的运用来达成这样的目的。现在所需要的是在这个基础上面进一步提出创新的理念，这才是这个

城市未来的希望。随着越来越多共享单车的投放，更加方便了人们的出行。它不仅可以有效地解决道路的拥堵，也带来了更加低碳健康的生活，为上海这座融合开放的城市提供更好的环境保障。

/ 四 /

如果想在这座快节奏的大都市里享受一个与朋友家人在一起的周末，且不被人打扰，航行在黄浦江上是个再好不过的主意。私人游艇这个新潮的游玩项目，早已融合到上海这座开放的城市中。

黄浦江沿岸的风景

上海是中国的一个金融中心，它的经济实力在全国是领先的。上海与国际的各种交往比较频繁，在这里更容易接触到国外流行的游艇文化。黄浦江沿岸的风景似乎是每个来上海的人都不可错过的。从浦西的租界老建筑到浦东的现代大楼和东方明珠，每一处都是不可错失的风景。私人游艇又是什么时候开始出现在这独特的风景中的？

魏强，游艇运行主管，解释道："20世纪90年代，上海有第一条游艇停在这里。就是那边的一个游艇港池。这个港池有一百年的历史。这里也是上海第一个游艇俱乐部、第一个游艇码头所在地。"

游艇

私人游艇以前一直被视为是富人的休闲方式。看过游艇内部的构造，就知道游艇的造价为何动则千万多则上亿了。

"我们先到上面看下飞桥层，也就是阳光甲板。这层最主要的特点，就是大部分面积用于晒太阳，像大大的阳光浴垫。这里有餐桌、烧烤桌，还有一个驾驶台。当游艇漂在海上或者漂在黄浦江上，游客就可以躺在这里，或者几个好友围坐在餐桌前面，晒晒太阳，吹吹海风，聊一聊天，是一个很惬意的环境。"

随着上海私人游艇的普及，租赁私人游艇越来越简单。Evelyn 是中德混血儿。妈妈给她准备了一个游艇周末，她看起来很兴奋。大人们正在准备游艇晚餐。以游艇的方式出行是非常新颖的一种生活方式。在快节奏的生活下，游艇很大限度地提供了私人空间，给人放松的感觉。

一旁偷吃的 Evelyn 被妈妈逮个正着。切好蛋糕的哥哥陆明睿不忘喂妹妹 Evelyn。来一张合影是不能少的，不过 Evelyn 似乎对吃更感兴趣。此时的游艇已经行驶到外滩了，吃完饭后的 Evelyn

Evelyn 一家

要去露台看看夜景、拍照留影,摆造型可难不倒 Evelyn。

　　游艇要到达码头了,Evelyn 一家将要结束这一天的游艇之旅。游艇上的歌声渐渐远去。大家都沉醉在黄浦江迷人的夜色、大都市天空中的小星星里。上海就是这么一座包罗万象的城市。正因为上海开放融合的特性,使得在这个城市中越来越多的创新成为可能,而这种包容性又吸引着各路追梦人来这座城市。上海将继续保持开放融合的步伐。

第二章 红色之旅

刘小锋，国家一级演员，为国内许多观众所熟知。红色题材影视剧中，都留下过他的身影。今天，他在演员身份之外又添新使命——出任上海市红色旅游宣传大使。

跟着刘小锋，我们踏上了历史之路，沿中国共产党第一次代表大会会址（简称中共一大会址）、多伦路文化名人街、百代小红楼、四行仓库、锦江饭店，重温一段属于上海城市独有的红色记忆。

| 一 |

上海，中国共产党诞生的摇篮。城市的心脏位置——黄浦区的新天地，完好留存了革命最初原始的样貌。上海红色之旅的起点，刘小

石库门建筑

锋选择了共产党在中国诞生地——新天地，上海的地标之一，这里演绎着人间的繁华。而它的一旁，静静坐落着一幢有着深厚历史的建筑，外墙的红砖错落有致，石头门框、乌漆门扇，这是上海典型的石库门建筑。对刘小锋来说，步入天井的那一刻，演员的职业惯性就令他迅速沉入遥远的时空。

20世纪20年代的上海，内有国民党的黑色统治，外有日军的虎视眈眈。然而，在这样的局势下，中国共产党的第一次全国代表大会就在法租界里的这幢建筑的一楼召开了。当时会议是从1921的7月23日开始的。众人每天提心吊胆，一直进行到7月30号这一天晚上，突然发生了意外，从会议室的后门闯入了一名陌生的中年男子。

"你找谁？你找谁？你要干什么？请问你找谁？"

"我找社联的王主席。"

其实这个人就是当年法租界派来的密探，叫程子卿。他引起了共产国际代表马林的怀疑，因为马林有多年地下工作经验。他一看情况不妙，当机立断，建议会议立即停止。

在代表们离开会场十分钟之后，法租界就派来巡捕，对这里进行了一个多小时的搜查。最后还好是有惊无险。

中共一大会址纪念馆建于1952年，纪念馆的展出由原状

中国共产党第一次全国代表大会（影视资料）

陈列和辅导陈列两部分组成。中国共产党人士开会所用的桌椅茶具，都是按照当年会议的样子复原，属于原状陈列部分。中共创建史陈列室和革命史专题陈列室，是辅导陈列部分。纪念馆展出了有关历史文献实物照片170余件，再现了中国共产党创建的深厚历史背景、历史过程，以及中共创建对于中华民族复兴

< 原状陈列

辅导陈列 >

的伟大历史意义，让人们直观生动地了解中国共产党诞生成长的历程。

跟随上海红色旅游大使刘小锋，穿梭在中共一大会址纪念馆展厅的时候，恍惚中犹如跨越时空，亲历那改变中国历史的拐点。放慢脚步，用心去体会和铭记中国共产党的历史与精神，这是中国共产党的起点，也是红色之旅的起点。

| 二 |

20世纪二三十年代，在中国共产党领导革命的艰难岁月中，诞生了一个重要的文艺宣传力量。为了与国民党党制文

化专制主义针锋相对,中国共产党领导下的左翼作家联盟(简称左联)于1930年3月2日在上海正式成立。上海红色之旅的第二站——多伦路,让我们共同回到那段光芒万丈的红色岁月。

多伦路文化名人街,位于上海虹口区。这是一条短得在地图上难觅其踪迹的小街,然而它却因为左联文化名人们而在中国近代文化史上留下浓重的一笔。鲁迅先生当年从广州到上海,他家离多伦路很近,他经常在这里和很多文化名人交流,或者是酝酿自己那些极富代表性的作品。

鲁迅、瞿秋白、郭沫若、茅盾等,曾在这里聚首、呐喊、战斗。中华艺大上海艺术剧社、公啡咖啡馆都是他们的战场。左联为什么在多伦路活动比较密集呢?

< 鲁迅

左联成立大会会址纪念馆 >

上海市虹口区文史馆顾问张家禾解答了我们的疑问:"一个很重要的原因是多伦路这条马路当年特殊的政治生态。多伦路是当时租界扩张自己势力范围的一个结果,就是租界当局越过租界和华界的界限,把他们的马路修到华界来。多伦路这个地方本身是华界的,应该是归中国政府管的,但租界当局既然修了这条路,岂肯放弃路的管理权。所以那时发生了一个很奇特的现象:外国巡捕在马路上抓人,只要跑到弄堂里就不能抓了,因为那是中国警察管的地方。反过来,中国警察在弄堂里抓人,只要跑到马路上就不能抓了,因为那是外国巡捕管的地方。这种状况客观上应该说为革命者活动创造了一个比较好的条件。"

多伦路145号,今日的中国左翼作家联盟成立大会会址纪念馆,这栋建于20世纪二十年代的小楼,曾是左翼中华艺术大学校址和学生宿舍。它见证着这支重要的宣传力量,拿起文学和艺术作为武器,为共产党领导的无产阶段革命贡献了巨大的力量。

多伦路上的古玩店

如今的多伦路安静而迷人,也许正是因为大批文化名人曾经聚集,多伦路现代的空气中依然弥漫着浓浓的文化氛围,古旧书店、古玩收藏遍布整条马路。从大上海博物馆的馆主郭纯享身上,我们看到了多伦路在和平年代留存的文化气息。

"我是上海人,吃上海自来水长大的,对上海很有感情,就收集了上海地区的海派文化。上海的文化体现出一种海纳百川的精神。只要看到上海地图、关于上海的资料、上海的各种各样的怀旧东西,我都收集起来,想以后办一个博物馆。一条小街,无论如何风云变幻,历史是不能忘记的,就像峥嵘岁月一样,虽然远去,但记忆永远都在那里。这个博物馆等于是我自己的家。博物馆的主题,我想定为'不要忘记过去的岁月'。"

法国百代公司旧址

三

  上海最具风情的衡山路，在绿色簇拥下，一座红色的三层法式小洋楼掩映其间，形成了独特的景观。这座异国风情的建筑就是上海小红楼。从20世纪20年代起，法国百代公司在这里设厂生产钻针唱片、留声机，给上海带来了最时髦的生活方式，同时也用歌声留住了那段历史。

  为了保护这栋历史建筑，当时政府下了很大的决心。本来边上还有一些别的建筑，现在只保留了这栋，可见它的历史意义。在这里，人们仿佛听到那熟悉的旋律《义勇军进行曲》。1935年聂耳为影片《风云儿女》作曲这首歌，并在此录制了唱片。这首歌成为中华人民共和国国歌。

  当时很多人都在这里留下了印记：1935年冼星海在这里写曲；1937年周璇在这里录制《上海花》……上海小红楼是中国的音乐圣地，经历近一百年的风雨风采依旧，它见证了历史的发展。

聂耳与国歌

/ 四 /

刘小锋作为一名红色演员,参演最多的就是与抗日战争相关的影视剧。他刚刚出演了关于淞沪会战的一个角色。对于当时的场景,他记忆犹新。这场战争就发生在苏州河畔的四行仓库。那里是历史最好的见证。

谢晋元

1937年7月7日,日本以卢沟桥事变为借口,进行全面侵华。到1937年10月26日,国民革命军在上海闸北区的抵抗日渐艰难。中华民国军事委员会委员长蒋介石命令该区所有军队撤出,以防卫上海西部郊区,同时命令第三战区代理司令长官顾祝同让精锐的第八十八师单独留守,由中副团校谢晋元率领。

四行仓库保卫战,是在"八一三"淞沪抗战的背景下,谢晋元带领八百壮士进行的一次大规模会战。

当时能够守到什么程度,或者是能守多长时间,都是没底的。等于说,整个上海,除了租界以外,华界地区的市区部分都给日军占领了。他们是一支孤军,墙外是数万敌军的重重包围,墙内则是420余名势单力薄的将士。在兵力悬殊的情况下,谢晋元仍然为将士们开展了誓师大会。

"现在趁此战斗间隙,同诸位相互认识……"这段谢晋元

四行仓库

誓师大会的视频，是四行仓库的副馆长马幼炯在与谢晋元的儿子反复沟通并多方求证后，运用多媒体的手段还原的。站在战士们的雕塑中，刘小锋犹如身临其境。

四行仓库危在旦夕，八百壮士何去何从？他们会弃城而逃还是拼死抵抗，保卫上海这片土地？当时谢晋元挥泪写下了"余一枪一弹，誓与倭寇周旋到底"的豪言。

在他的感召下，四百多名热血男儿无一例外，纷纷给家人留下遗书。谢晋元的这封遗书，如今读来依旧令人心潮澎湃。

1937年10月26日到31日，位于上海苏州北岸的四行仓库炮火连天。谢晋元率领仅420余名官兵英勇抵抗，坚守四行仓库四天四夜，击退了日军六次疯狂进攻。历史的沧桑和厚重在这里留下了深深的痕迹。

在钢筋混凝土结构的六层大厦的一楼，也就是当年激战的实际地点，一个个将士们的雕塑在声光电的氛围营造下，向我们全面重现了当年战斗的情形，耳旁还能听到猛烈的枪炮声、厮杀声。穿梭在四行仓库抗战纪念馆便会感受到一种置身战场的氛围。

珍贵历史照片

如今在马幼炯馆长的努力筹备之下,四行仓库的二楼完整保留了当时的媒体报道和大量珍贵的烈士照片。而这些珍贵照片的获得,却是来之不易。马馆长回忆道:"2014年秋季拍卖的时候,无意当中发现嘉德有东方传奇的一个拍卖专场,在查看目录的时候,发现它里面有很多关于'八一三'淞沪抗战的照片,进一步仔细看了之后,发现里面有两三组是与四行仓库有关系的。"

在这里,历史仿佛被按下重播键,还原了当年激烈奋战后四行孤军的历史影像,填补了八百壮士撤离四行仓库的影像空白。由于日军一直在指责公共租界当局破坏中立,庇护四行孤军,当时没被发表的这组照片跨越了千山万水,如今才终于面世。到目前为止,纪念馆里的这两组照片可都是镇馆之宝。原照原底片,填补了八百壮士的人像空白。

历史见证了四行仓库沧桑的变化。那满墙的炮眼时刻提醒着我们和平来之不易,因为英雄们的英勇无畏而成为民族永恒的丰碑。

/ 五 /

上海这座时尚之城是潮人的汇聚之地,也是吃货的天堂,更是文人墨客诉说历史文化故事之地。20世纪20年代,大量的海外移民为这里带来了新的建筑。这些建筑成为上海摩登艺术的符号。

锦江饭店,是上海最负盛名的历史建筑之一。这座始建于20世纪20年代的宾馆,以高耸挺拔的建筑风格给人以拔地而起、傲然屹立的非凡气势。锦江饭店也是上海的标志之一。第一次接待外宾的地方就是这里,因为中华人民共和国成立之初,锦江饭店是当时上海最好的一家酒店。

锦江饭店

1951年锦江饭店挂牌,作为上海近代优秀建筑文物保护单位。锦江饭店早就奠定了它在国宾馆中无可撼动的特殊地位。锦江饭店作为历史的见证,接待了150多个国家和地区的500多位国家元首和政府首脑。这些都成为锦江饭店的骄傲。毛泽东在这里找到了最喜欢吃的红烧肉;《中美联合公报》在这里破冰发表;张爱玲在这里构思过小说……

寿晓峰是锦江饭店现任行政总厨,在他近40年的厨师生涯中,曾率领团队出色地完成多国元首及国家领导人的重要接待任务,也是锦江饭店作为国宾馆的重要历史见证者。

"对我来说,接待的最大任务应该还是江泽民陪现在已故的古巴领导人卡斯特罗在锦江小礼堂用餐。我们安排了江泽民喜欢吃的家乡菜——扬州狮子头。那天狮子头上了以后,江泽民还专门分了半个给卡斯特罗。"

锦江饭店成了这些国家政要人生轨迹的一个交汇点。作为国宾馆,接待中外领导人是重要的功课。这就对主厨团队提出了很高的要求,既要大方得体,又不能铺张浪费;既要有中国特色,又要中西合璧。特别是中华人民共和国成立初期,国家还比较困难,他们又是如何巧妙地设计出一道又一道经典菜式呢?

"这个鱼是象形菜,是雕刻而成的。它的食材是素的。我们

红烧肉

锦江饭店的老厨师在毛泽东身边工作的时候,就做了这道菜。为什么会做这道菜呢?因为那时候正好是三年困难时期,毛泽东提倡以素代荤。这个菜虽然是素的,但是造型做成跟荤的一样。刚开始做的时候可能没这么精细,经过几代人的努力,把这个鱼做得像活的一样。"

狮子头　　象形菜"鱼"

锦江饭店在传承中华餐饮文化的同时糅入异国的餐饮文化,对烹饪原材料配制、菜肴出品口味、配套调料选用等,不断与时俱进、融汇创新,擦出了美食文化交流的火花。锦江饭店不仅仅是一个产生美食的地方,更是见证中国历史发展的地方。

六

刘小锋沿着中共一大会址、多伦路文化名人街、百代小红楼、四行仓库、锦江饭店一路走来,感触良多。从建党到建国,是曾经的抛头颅洒热血换来了今天的和平与幸福生活。如今拥有的这一切来之不易,刘小锋呼吁不要忘记那些曾经有过的苦难、那些颠沛流离的日子。

一次红色之旅,一次心灵洗涤,让我们铭记这段历史,将这种红色精神传承不去。

第三章 奇幻之旅

上海,这座风情万种的国际化大都市,被人们戏称为"魔都"。高耸恢弘的现代建筑、历经沧桑的百年里弄、纵横交织的中外文化,拼凑成了这座奇幻之城。

在古代,大文豪苏轼就曾写下:"竹外桃花三两枝,春江水暖鸭先知。蒌蒿满地芦芽短,正是河豚欲上时。"这样美妙的诗句。春天正是河豚鱼逆江而上、最肥美的时节,同时也是河豚毒素最强的季节。即使这样,河豚鱼还是因其肉嫩多汁入口酥麻,让每一个美食爱好者欲罢不能。

| 一 |

在充满世界美味的天堂上海,怎么能少得了

让人深爱的城市 >

这样一道奇妙的美食？

"做河豚鱼，以前在中国是不合法的，在日本需要有证书并且资深的厨师长才能做。现在时代不同了，河豚鱼在中国市场不受限制了。当然，具体上市依然有严格的要求，比如供应商必须把这鱼弄干净。每一条鱼都要有一张证书和二维码，证明这鱼是经过检验的。"

黎明忠来自中国香港，在美食行业做了三十几年，虽然中间有过波折，但是什么也阻挡不了他对美

< 河豚鱼

河豚美味 >

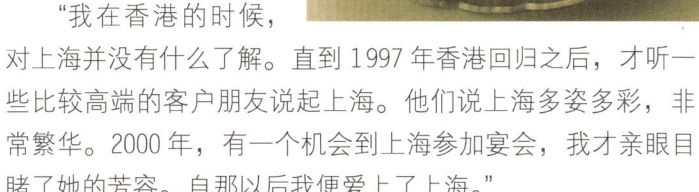

食的激情和热爱。几经周折，他选择来到了上海，带着全家人在这里开启了一段奇妙的美食之旅。

"我在香港的时候，对上海并没有什么了解。直到1997年香港回归之后，才听一些比较高端的客户朋友说起上海。他们说上海多姿多彩，非常繁华。2000年，有一个机会到上海参加宴会，我才亲眼目睹了她的芳容。自那以后我便爱上了上海。"

上海的烹饪博采众长，别具特色，中国及世界各地几乎所有的佳肴都能在上海寻到踪迹。黎明忠想要把河豚鱼做成

一道视觉和味觉的盛宴并不容易。为了让顾客的味蕾来一场奇妙的感官体验，黎明忠在这个美食的天堂探索着属于自己的美食风格。

上海的巨鹿花园位于曾经的法租界，当黎明忠看到一座座独栋的三层楼老洋房时，就打算要在这里开一家

制作河豚 >

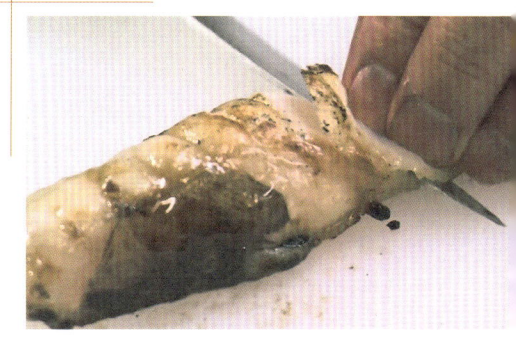

< 日式河豚料理

餐厅。

"我想把它营造成一个清雅而神秘的日式京都庭院。我们不只是卖简单的刺身、寿司，更希望可以在这里传播日本的饮食文化。"

"首先给大家介绍河豚鱼刺身的第一种吃法：把鱼皮展开，搭配萝卜泥和葱花包卷一个卷。慢工出细活，所以大家吃的时候不要那么着急。"

刺身是鱼料理最常见的一种吃法，但是黎明忠的餐厅可以做出河豚鱼的五种吃法。

"第二种是炸河豚鱼的部分，口感比较酥脆，外酥里香，旁边的蔬菜可以搭配着一起吃。第三种是酱烤和盐烤——盐烤可以保持河豚鱼的原汁原味，而酱烤的口味更鲜明丰富一些。"

"接下来为大家准备河豚鱼的第四种吃法——火锅。我们的火锅底汤是打稀高汤调出来的,经过十多个小时的熬制,味道非常鲜美。"

黎明忠曾经只是香港餐饮店里的一名学徒,做过传菜员,也做过香港兰桂坊的老总。黎明忠秉着对工作的敬业和认真、点点滴滴的努力让他走到了今天。如今他选择了上海,与在上海的所有人一样,在美食这条道路上追求着极致的高品质。

在这座东西方文化互相交融的"十里洋场",不管是繁华的地段还是清冷的小巷,或是在高楼林立的米其林餐厅,或是在一幢老洋房的私家餐馆,每个人都执着追求一种精益求精的品质,只为传递出一道道独特的上海味道。这一道道的上海味道,也造就了上海,这座味蕾的奇幻之城。

上海,中国最重要的商业城市,它高度繁华、充满欣欣向荣的活力。在这里立足发展的人们,大都喜爱挑战自己,他们都有着渴望自由、期待拥抱自然的内心。

味蕾的奇幻之城

二

"我喜欢这种自由自在、没有束缚的感觉。"

脱离地心引力，无疑是最自由的一种象征，因此翱翔天际的滑翔伞运动让一些游客着了迷。

< 陈文玉在滑翔

翱翔在天际 >

上海滑翔伞第一人陈文玉，自从 20 世纪 90 年代"一飞冲天"，不知不觉他竟然已经飞了 20 多年。这个外表粗犷的中年男子，有着不羁的内心。早在"起飞"之前，他是一名火车司机。

"我以为在铁路上一马平川是一种非常自由的感觉，然而工作以后才知道铁路单位火车司机的管理是半军事化的，没有我想象中那么自由。所以工作了三年半以后我就辞职了。"

辞职后的陈文玉四顾迷茫，他下过海经过商、开过娱乐城、卖过服装，却始终没有找到自己的人生方向。在 1996 年机缘巧合之下，命运之手轻轻一拉，将陈文玉拉入一片崭新天地。

"我表哥原先是空军飞行员，他经营了一家航空俱乐部，发觉并不像想象中那样简单，为了公司的生存，他开始接触滑翔伞。"

陈文玉很享受飞起来的感觉，滑翔伞训练带给他前所未有的自由，让他不再满足于只做一名爱好者，而是要当滑翔伞教练。

"训练时间长了以后，我觉得滑翔伞就像我身上的一对翅膀。我非常相信自己，也相信我的翅膀，所以我每次飞行从来没有一点紧张感。"

然而，克服恐高只是长空万里的第一步，要做一名合格的滑翔伞教练，要求他们在特殊的天气环境下也要训练，来提高应变能力。这几十年的训练中，有些惊险刺激的场景令他至今难以忘怀。

"我们曾在浙江嵊泗岛上集训。那天的自然环境很恶劣，但是为了成为教练，必须要参加特殊情况的操控处理训练。风非常大，有一个教练直接冲撞到一块石头上，所幸人没有直接撞上去，事后检查只是大腿和肘部上擦了一些皮。现在想想还是觉得惊心动魄。"

陈文玉培训出了几百名爱好者，不仅有来自全国各地的，甚至还有来自美国、芬兰、日本等国的外籍人士。

/ 三 /

上海是一个容纳度很高的城市，也是一个能满足人们好奇心的城市。真人 CS 便是一种新奇的体育运动。

"与在游戏里的体验完全不一样，这种刺激和趣味一定要真实体验才能体会得到。"

海纳百川之城

1998年,被简称为CS的《反恐精英》游戏风靡全球,如今人们不再局限于屏幕中的游戏,而是在实践的基础上,通过大胆的想象和探索,把这种模仿军队作战的网络游戏搬到了现实中。

在上海海湾国家森林公园的射击场上,我们可以

< 上海海湾国家森林公园真人CS基地 >

< 真人CS

看到游戏中常见的障碍物、房子、沟壑、丛林、山坡等,场地面积达到了10平方公里。角色扮演拟真游戏的出现,无疑强化了人们参与的积极性。参加者们需要穿上军服,手持装备枪,不停地在场地上奔跑射击,来完成全方位的动作。

"它的真实度和各方面所需要具备的综合因素与虚拟网络肯定是有区别的。首先它会消耗大量的体能,这个和坐在电脑前打游戏是没法比的;第二,枪械给人一种还原于博弈的

工具感，和鼠标完全不同。"

李波，上海海湾国家森林公园创始人，自2010年起他就一直在筹备这个真人CS基地。经过四年时间，李波建成了上海第一家具有游戏角色真实代入感的真人CS基地。

"这款拟真游戏终于面向大家开放，可能是因为我祖父是个军人，他对我产生了很大的影响。小时候他带着我去了很多战争遗迹，也会跟我讲以前他经历过的一些战争，所以我从小就很崇拜军人。"

军人铁血般的精神让李波热血沸腾，他立誓要成为像祖父那样的军人保家卫国，但是这个想法还在萌芽阶段，就遭到了祖父的强烈反对。

"我祖父从1937年抗日战争开始，经历过七七卢沟桥事变、孟良崮战役、淮海战役，因为经历过这样真实的战争场面，他深刻地知道失去战友和家人的痛苦。"

祖父是一个说一不二的军人，他阻止了李波去当兵，但是在上海这个处处充满着新奇的城市，总有意想不到的地方，它承载着李波的梦想。李波开始学房地产设计，希望有朝一日能够自己设计一个真人CS基地。

"公园方想引入体育文化，所以当时我们就给他们做了一个海湾森林公园射击场的规划，让热爱战争游戏的人能够真正零距离接触彩弹射击。"

从2014年开园到2017年，真人CS是上海娱乐项目中最为时髦的一种运动方式。它不仅让人们释放工作中的压力，同时又锻炼身体，深刻体会团队的合作精神，是种身心灵结合的运动方式。由此也吸引了很多人，为这座城市增添了一些灵动的气质。

拟真游戏不同于以往让人沉迷的网络游戏，它更多地激发了人们感知新奇事物的能力，并乐于享受这样一种拟真游戏带来的全方位的感官刺激。正是源于人们不断想象和探索的精神，才使得上海这座城市始终散发着迷人奇幻的色彩。

/ 四 /

上海这座城市总是有太多理由使人一往情深，内容丰富的派对文化，使得这座城市变幻莫测令人惊奇。觥筹交错的红酒杯、狂欢的 DJ、打碟表演、惊艳四座的绅士美女，这种开放自由浪漫的派对文化，吸引世界各地的人们在此流连忘返。

Shirley 是一位派对达人，凭借着对派对的热爱，每一场派对她都要办得与众不同。在这场针对妈妈们的美食派对里，她不但请来了著名主持人，还邀请了专业的化妆团队，这也吸引了来自四面八方的妈妈们。生活不只是柴米油盐的家庭，还有充满欢乐的另一番天地，妈妈们在这场派对上绽放着自己的魅力，对生活有了新的体验。这也正是 Shirley 办这场派对的目的所在。

"自从有了小孩，我就把生活的全部重心和精力放在了他身上。但是在带小朋友的同时，我发现其实很多妈妈和我一样，因为有了孩子，慢慢把自己原有的那些光彩给淹没了，所以我开始重新思考这个问题。我觉得作为一个妈妈，首先要爱自己，要活出更精彩的自己，这样才能给孩子树立一个积极乐观的生活态度。"

妈妈们的美食派对

华灯初上，在各种霓虹灯的映衬下，上海瑞金洲际酒店——这座有着百年历史的英国古典式的建筑，更显得美轮美奂。一场古典的新年派对将在这里拉开帷幕。

看过电影《了不起的盖茨比》，就能知道其中的纸醉金迷。当时正值第一次世界大战结束，及时行乐的风气充斥着这个社会，人们恨不得每天疯狂玩乐，而电影里的派对，就是一场场万花筒式的狂欢盛宴。在布置得五彩缤纷的花园里，自助餐美食琳琅满目，一杯杯鸡尾酒被传到花园的每个角落，女客们的服装发型更是争奇斗艳。

　　Shirley 和朋友收到了宴会的邀请，她们怎会错过这么一场令人期待的狂欢？既然派对的主题是盖茨比，那么模仿电影里的服饰搭配自然少不了。以上海大都市的背景，自然有很多晚会服装租赁店。Shirley 选中的模仿角色是电影里的女主角黛西，爵士时代的华丽晚服必不可少，时髦的发型配上精致的发带和首饰是当时的潮流。

　　激动人心的时刻终于到了，晚上十点，上海瑞金洲际酒店里已经是热闹非凡。

　　"我最喜欢的还是刚刚那个开场踢踏舞，当音乐响起来的时候，我觉得过年的气氛来了。音乐的那种激情，让我很有带入感。"

　　纵使佳丽万千，但 Shirley 的一袭银色性感长礼服，佩戴着与黛西相同款式的头箍，举手投足间的女王风范，使 Shirley 成为晚会万众瞩目的焦点。

　　"作为一个上海人，我非常自豪。我很喜欢我的家乡。它是一个非常新奇、充满梦幻色彩的城市，让人对生活充满希望和激情，能把所有不可能的事情变成可能，这就是这个城市的奇妙之处。"

参加派对的 Shirley 和她的朋友　｜　派对现场

第四章 文化之旅

文化,是一座城市的灵魂。它隐含于城市的方方面面,造就着扑面而来、鲜明可感的城市印象,折射出城市人的价值共识、生活态度和审美水准。独有的历史背景和人文传统,给上海这座城市留下抹不去的文化烙印。而在对新事物充满渴望、追求卓越、勇于开拓的城市精神引领下,海派文化又不断迸发出新的思想火花。

| 一 |

在这个倡导粉丝经济的新偶像时代,上海又一次走在了全中国城市的最前面。2012 年开始

文化之都 >

布局的少女团体 SNH48，如今已成为上海主流媒体平台重要晚会的顶梁台柱。从 2016 到 2017 年这一轮的偶像风潮中，这支少女组合成为当仁不让的领跑者。

"小时候爸爸妈妈想让我学唱歌跳舞，那时候我就很喜欢舞台表演，我很享受在舞台上被大家注视的感觉。也是缘分吧，有一次我刚好看到一个叫 SNH48 组合的招募信息，我就抱着试一试的心情，加入了这个偶像团体。"

SNH48

陈佳莹是 2014 年加入 SNH48 的成员。她是一名护士，为了追逐自己的音乐梦想，她想从医院辞职，专注于心她的演艺生涯，而她的这个想法并不被家里支持。

虽然家长有所担心，但这座城市永远不乏梦想的追逐者。女团并非如众人想象中全都是在校学生，像陈佳莹这样在工作之余辛苦参加女团排练和演出的追梦人也不在少数。

"这次是我们的第三届金曲演唱会，歌曲也全面升级了。这次有 50 首歌，将近 4 个小时的表演时间，不仅是对我们，也是对粉丝以及工作人员等各个方面的考验。"虽然彩排当天下雨，但是粉丝的热情丝毫不减。

在虹口区的 1933 老场坊创意园区，有一个星梦剧院，这是由 101 人组成的大型女子偶像团体——SNH48 的大本营。由于她们的走红，这里已经成为上海虹口区知名的地标式场所，吸引来自全国各地的年轻人追捧膜拜。

　　SNH48代表的是城市孕育出的新偶像文化，通过与粉丝面对面的互动过程，传达梦想、汗水、坚持的核心价值。SNH48作为中国首个大型的女子偶像团体，之所以出现在上海，正是因为这座城市对潮流文化的接受能力强，对新文化的创造力强。而这个充满青春活力的团体，也正在演绎着属于这个时代、这座城市的流行文化。

/ 二 /

　　一座城市的文化事业，离不开文化人。上海，古称华亭，自战国起的多个朝代，都有举足轻重的文化人留名史册。

　　到了20世纪二三十年代，上海已经一跃成为中国乃至远东地区的文化中心之一，很多文化名人都与上海有着或深或浅的因缘。上海为他们的活动提供了条件，他们为上海文化增添了光辉。

　　"像陆机、董其昌、吴湖帆等等，都跟上海有关。上海之所以有着深厚的文化底蕴，就在于它包容开放的姿态和胸怀。"

上海博物馆

凌利中，上海博物馆书画研究部副主任。从海派名人作品的研究鉴赏者，渐渐跻身于海派文化名人的重要一员。

"我喜欢画画，后来考上了美术学院的国画专业。不论是研究还是创作，都要基于对绘画本身的兴趣爱好。"

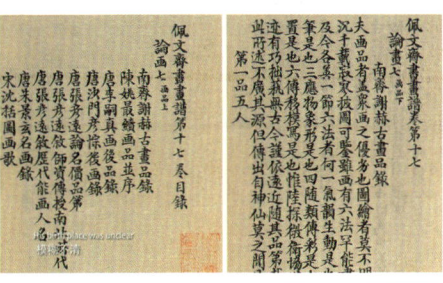

珍贵字画　《佩文斋书画谱》

有着中国文物界"半壁江山"之称的上海博物馆，位于上海城市的心脏位置——黄浦区的人民广场。上海博物馆占地面积 1.1 万平方米，设有十一个专馆、三个展览厅，陈列面积 2800 平方米。馆藏文物近百万件，其中，历代书法馆和历代绘画馆是目前海内外唯一的书画分开、系统展示中国古代书画通史的常设展。通常每半年更换一次展品，每次都有一定数量的新面孔精品出现。

2017 年 3 月，吸引了举世海派书画爱好者和众多游客眼球的，莫过于元代画家顾园唯一的存世孤本《丹山纪行图卷》。这是 15 年来这幅孤本首次重见天日。正是因为学者凌利中，这幅珍贵的画卷在上海博物馆，终止了长达 300 年历史的鉴定差错。

"早期文人季游和朋友们一起到山林里面游玩，那些题跋的人都结伴而行，共同参加了这次文人雅集，这给了我很多线索。然后我从题跋人入手，发现这些题跋的文人大概有八九个，其中一两个有文集传世。"

工作中的凌利中

凌利中发现，这两个写题跋的人生活在元代，而非明代。这一重大发现，证实了凌利中的怀疑是对的。

"这张画标注的作者顾琳，到底是何人？为何会被标注？"

通过查阅画史，凌利中发现，早在康熙年间编写的一部《佩文斋书画谱》就混淆了顾琳和顾园二位作者。

凌利中终于找到了答案，这幅画的作者，正是元代的云屋先生顾园。

凌利中的办公室，在上海博物馆的地下一层。事实上，上海博物馆的许多专家学者，都在这里进行着他们的研究。他们在这城中心最喧闹繁华区域的地下，日复一日，从事着一件最静心的工作：拿着放大镜，凭借一腔工匠精神，扫描历史的点滴踪迹。因为他们，这座城市的文化事业，频添新发现与新突破。

自从海派文化形成之后，上海一直保持着中国经济、金融、贸易的中心地位，这是因为海派文化不断从外部汲取养分，并不断根据自己的需要进行融汇、变革和创新，从而具备了自我调节功能，总能够与时代最先进的文化同步。

| 三 |

美食作为生活的一部分，同时它也是文明史不可或缺的一部分。在上海，吃大闸蟹的习惯可以追溯到很久以前。不过在最近，一碗卖到360元的螃蟹面，受到了很多人的关注。这家面馆叫"蟹家大院"，装修布置简约中不乏中国传统风格。整个店没有菜单，只有门口招牌上写着的三碗面，而那碗售价360元的面叫做"蟹黄金"。

< 蟹家大院

蟹黄金 >

徐净，是这碗面的发明者，他是地地道道的上海人。为了做好这一碗面，在距离上海60公里的阳澄湖，他有自己的养殖基地。

"我们所有的大闸蟹都是从阳澄湖基地自产自销的。在开蟹家大院之前，我专门花了5年的时间养大闸蟹。2010年开始筹办蟹家大院，2011年创办了阳澄湖养殖基地，直到2015年的年底开始做蟹黄金面。"

阳澄湖的水性适合大闸蟹的生长，这里的大闸蟹在全国都很有名气。清晨，徐净的蟹家大院开始打捞大闸蟹。从河

< 徐净自产自销的大闸蟹

蟹黄和蟹肉 >

塘打捞上来的蟹被放进分蟹池。

"大闸蟹喜欢和同类打架,这样蟹钳很容易受到伤害,作为礼品蟹就不太好销售。后来我发现给大闸蟹听了音乐以后它们打架的频率就降低了。所以我们蟹家大院的大闸蟹都是听着音乐长大的。"

分好大小的大闸蟹每天凌晨运往上海的面馆,在上海有专门的拆蟹师傅,把蟹黄和蟹肉分别装好,这些将会成为这碗面唯一的食材。

"我们的原材料大闸蟹是在阳澄湖从3点钟开始蒸,一直蒸到6点钟,然后6点钟出发到上海。我们的面里没有加任何的葱、姜、蒜、鸡精这些调料,保证了螃蟹的原汁原味。因为我倡导的是一种自然纯粹的原生态美味。"

把锅烧热,抹上猪油,倒入准备好的相当于12只螃蟹分量的蟹黄、蟹肉,翻炒,只加入少量的醋,没有葱姜等别的作料;另一边,面用开水煮熟,煮面的汤也只用白开水,没有任何的添加。等面条煮熟盛出，浇上刚炒好的蟹黄蟹肉，香气扑面而来。最后撒上24K的可食用金箔，一道蟹黄金面就做好了。

不管从面的食材还是做法，都是非常纯粹和简单。简单的背后，更是显露出这碗面的用料实在。徐净和他的这碗蟹黄金面，在上海这座闹市中，坚持着一种简单、纯粹的存在方式。

"我做的不仅仅是这一碗面，更多的是在做一种简单的生活方式。让大家能够心静下来，找到自己。"

回顾历史，上海文化担负着中国文化发展的先行与创新的使命。今天仍在发挥它的磁石效应，永远在吸纳、集聚着海内外人才到这里发展。上海成为一个适于各门类艺术探索和创新的试验场，成为一个在中国无可替代的文化码头。

/ 四 /

2016年6月，著名大IP(知识产权)刘慈欣的科幻小说《三体》同名舞台剧完成了在上海的首演，演出十天票房近千万。《三体》舞台剧总制作人、出品人Lotus Lee终于松了一口气。当初将抽象文字以及由文字构筑得更为抽象的世界搬上舞台这一疯狂而颠覆性的戏剧梦想终于成真。这个外表恬静秀丽的年轻女孩历经重重艰辛，做成了许多男性同行也未必有精力和体力坚持下来的艺术作品。

"我们这一代人其实是最有机会去推动影视行业发展的一代人，我不想错过这个机会。"

Lotus Lee本科在上海念戏剧

Lotus Lee 及其团队

专业，毕业后去英国留学研习媒体和全球化的课程，回国之后在上海创业做戏剧工作室。

"我的大学生涯以及成年之后的时间都是在上海度过的。我很喜欢这座城市，它是一个中西方文化交流的窗口，尤其对于戏剧产业，上海提供了很好的市场机会

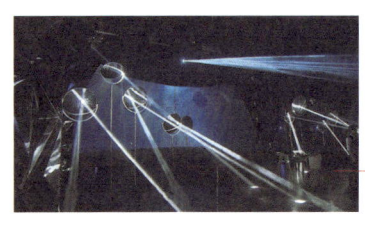

《三体》舞台剧的现场

和创作土壤。"

《三体》拿到了"雨果奖"后，在国际上名声大噪，甚至成为奥巴马的随身读物。宇宙倒计时、纳米切割，这些瑰丽而又令人震颤的经典场景，成为征服三体迷的"利器"。然而怎样将这些如此抽象的科幻概念用具象的舞台视觉语言来表达呢？

"《三体》舞台剧，本质上是一部三维多媒体舞台剧。这是一个诞生于上海的尚在探索的艺术形式。我们其实也在整个

行业里开创了先河。"

"《三体》作为一部科幻作品，会牵扯到很多的物理逻辑和抽象的科幻概念，我想在传统的影视市场里做一些新鲜的事情。《三体》可以说是最有空间和基础去改编成媒体科技化的舞台产品的一部小说。"

"我们在创作《三体》的过程中运用了现在比较成熟的多媒体投影立体成像技术。舞台上，12架无人机支撑着直径为1.8米的三个巨型氦气球，还原《三体》里经典的三体飞星。在现场可以非常震撼地感受到无人机所连接的氦气球飞向整个观众席。这打破了传统舞台上的第四堵墙，整个舞台剧的沉浸感是很强的。"

把无人机、三维投影等科技产品搬上戏剧舞台来实现对剧本的视觉呈现，这成了戏剧舞台历史上的首例。《三体》在上海12天的连演，座无虚席。这出科幻舞台剧给观众带来一种有别于传统舞台剧的"浸入式"全新体验。用新媒体、新技术、新理念缔造出新的文化式样，将年轻观众的目光带回戏剧舞台。

古老的舞台剧艺术形式需要技术革新和探索。Lotus相信，随着技术的发展，必然带来产业升级，而处处领风气之先的上海所缔造出来的新思想与新文化，必将势不可挡。

第四季 / Season 4

第一章 / 潮乐之城

上海,这座现代、摩登的大都市,历来都是"冒险家的乐园"。行走其中,关于新旧上海的畅想和回味,仍在很多人心中难以磨灭。在众多关于上海的传奇故事里,百乐门总是夺目耀眼的所在。

/ 一 /

沧海桑田,进入新世纪,百乐门早已繁华不在。2012年,上海市静安区政府开始向社会招标,要重振百乐门的辉煌。在众多招标方案中,有一个方案引起了评委们的注意。

"我认为百乐门不能老是怀旧。时代在进步,

百乐门 >

我们应该填一些时尚元素进去，为百乐门注入新鲜血液。"

这个人就是郑鸿河。

出生在福建的他，不到20岁便到香港闯荡。从码头搬运工人到码头承包商，郑鸿河一点点积累着自己的财富和人脉。几十年的努力，终于在娱乐产业扎稳根基。当他得知百乐门重新招标的消息后，更是兴奋不已。郑鸿

昔日百乐门

河的提议最终被政府采纳，他也顺理成章入主百乐门，成为这里的新主人。

但是，当他第一次踏足百乐门，之前的兴奋变成了失落。

2012年郑鸿河第一次来到百乐门，却发现昔日的流光溢彩早已不在，一片衰败之景让郑鸿河惋惜不已。

随后，郑鸿河翻阅资料，拜访专家，组建团队。在"保护第一，修缮如旧"的原则下正式启动修缮工程。然而过程并不如想象的顺利，郑鸿河和他的团队请了许多国内外有名的设计师，但最后的设计稿都不吻合百乐门所需。

郑鸿河的目标，就是要将百乐门复原到最初的样貌。修葺工作持续了3年，耗资数亿。

重建中的百乐门

除了建筑与历史,郑鸿河要复活的,还有一种老上海的情调。

为了重现"远东第一乐府",郑鸿河找来自己的一位好朋友——胡彦斌。胡彦斌是上海人,对于"老上海"的文化有着特殊的感情。胡彦斌和郑鸿河一拍即合,成为百乐门的艺术总监。

2017年4月,修复后的百乐门面向公众开放。几个月后,在宝山参加完黑池舞蹈节的几位世界顶尖国标舞者偶然来到百乐门,在看到了百乐门的舞池后,他们决定改变行程,一定要登上这里的舞台。

那天的国际舞者和来往的宾客们都对百乐门舞厅啧啧称叹,赞不绝口。"我很骄傲。"郑鸿河说。

这是黑池舞蹈节冠军和英国皇后舞蹈乐团在国内的首场演出,也是百乐门重装开业后的首次大型活动,作为上海的地标建筑之一,百乐门重整旗鼓,再次出现在了公众的视野里。

"魔都,中国第一大金融城市。我喜欢上海,喜欢这里的活力和多元。"

从20世纪30年代的名流聚集地,到今日的上海文化坐标地,百乐门的八十多年,记载着上海的故事,诉说着上海的历史,同时又焕发着新的生机。

上海,之所以有别于其他大都市,很重要的一点,在于它独特的海派气质。而这种气质,除

舞蹈表演

了百乐门里流光溢彩的华丽歌舞外，也有诗情画意的恬静文艺。

二

地处上海浦西核心区域，占地 5 万平方米的的思南公馆，是上海市重点历史保护单位，这里 51 栋历史悠久的花园洋房，拥有太多的历史记忆。如今，更吸引人的是这里每周六下午的一场活动。

"尽管这个地方场所不大，每一场活动也就一百来个人，但是它的活动内容很有影响力。"

思南公馆

赵丽宏，是一位土生土长的上海作家、散文家、诗人，他的文学作品曾多次荣获国内外重要奖项。他所提到的这场活动与书有关。赵丽宏来过思南公馆不下十次，他很喜欢这里的诗歌朗诵活动，还有各种各样的国内外作家交流分享会。

原来，在思南公馆的 505 号楼，每周六下午，都会举办一场"思南读书会"的活动，让读者与作者面对面交流。上海市民的阅读水平近年来有很大程度的提高，在这样的背景下，"思南读书会"一直很受广大读者的欢迎。三年来，这样的活动已经举办了近 200 场。文艺，成为开启思南新生命的钥匙。

赵丽宏也经常参加读书会，在这里谈谈读书和创作。他认为读书会对于国民阅读是一种推动，一种提升。"每次都有很多人来，座无虚席，甚至有些读者都站在走廊里，这种气氛让我非常感动。"

2017年8月15日，第七届上海国际文学周拉开帷幕。

赵丽宏作为读书会的负责人之一，请到了一批外国作家到上海来。他们与上海的作家、出版人、读者进行

< 思南读书会

上海国际文学周 >

交流，谈他们的作品，也谈他们对于文学的看法。"这是一个非常有效的国际文学交流的平台。"赵丽宏说。

作为上海国际文学周的分会场，2017年8月16日，思

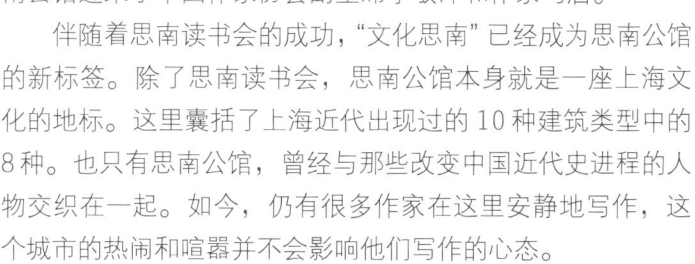

南公馆迎来了中国作家协会副主席李敬泽和作家冯唐。

伴随着思南读书会的成功，"文化思南"已经成为思南公馆的新标签。除了思南读书会，思南公馆本身就是一座上海文化的地标。这里囊括了上海近代出现过的10种建筑类型中的8种。也只有思南公馆，曾经与那些改变中国近代史进程的人物交织在一起。如今，仍有很多作家在这里安静地写作，这个城市的热闹和喧嚣并不会影响他们写作的心态。

与外面的喧闹繁华相对照，思南公馆显得格外安宁。2017年新年，走过了百年历史的上海思南公馆，作为国内第

| 二维码"讲解员" | 露天博物馆的展品 |

一座人文露天博物馆正式开放，这些随处可见的二维码，是思南露天博物馆的"讲解员"。

　　一座洋房、一盏街灯、一片鹅卵石墙、一棵法桐树，在露天博物馆里都是一件价值连城的历史展品。

　　文化的传承是一座城市得以发展的根基，经过上百年的风雨洗礼，思南公馆成为上海的精品文化聚集地，对文化的包容和理解力也让这座城市焕发出全然不同的海派气质。

| 三 |

　　除了自身丰富的文化底蕴之外，上海也在不断地吸纳着世界各地不同的文化形式。而且，外来文化在这里并不会水土不服，反而会与上海元素相结合，越发光彩夺目。

　　自2016年底，一部戏剧的出现，让烂尾多年的北京西路1013号成为上海最热门的文化坐标。

　　徐文瀚是个地地道道的上海姑娘。2016年12月8日，她作为记者，受邀来

《不眠之夜》

《不眠之夜》剧照

到北京西路1013号，观看《不眠之夜》在上海的首演。

"我从来没有想过有一部戏让我时时刻刻都要观察四面八方，随时随地都要绷紧每根神经，还要随时做出各种选择。在看戏的过程中，我会和其中一些角色产生情感上的联系，他会让我进入他的世界，牵着手把我带到一个秘密的房间，与我进行一段有且仅有我们俩知道的情节。在平时的戏剧里，所有人看到的东西是一样的。但是在这个演出当中，可能会有一段只有我自己知道的戏剧内容。"

整场戏剧历时三个小时，徐文瀚没有想到，这三个小时的经历彻底改变了她的生活。

第一次体验，徐文瀚就被这部"需要跑着看"的戏剧彻底打动。首演当月，她就看了整整七遍。从公演到现在，她已经入场观剧超过70次。

让徐文瀚如此着迷的这部剧，便是全球浸入式戏剧的经典之作《不眠之夜》，改编自莎士比亚名作《麦克白》。在《不眠之夜》中，观众打破舞台的约束，不再只是旁观者，而是戏剧的参与者。

《不眠之夜》在伦敦和波士顿上演时，已经引起轰动。2016年底上演的上海版是该剧的亚洲首演。演出可谓一票难求。

2015年第二届上海国际艺术节的创投会上,上海文广演艺集团的领导遇到了Punchdrunk剧团的艺术总监菲利克斯·巴雷特(Felix Barrett),他们与上海艺术界许多人士分享了关于制作这样一个剧目的想法和初衷。

这一次的碰面,是《不眠之夜》来到上海的开端,经过数千封邮件的沟通,中国观众终于得以一饱眼福。

全新的观看体验,让《不眠之夜》在上海的演出场场爆满。其中很多人都是看着徐文瀚的攻略走进剧场的。

《不眠之夜》的故事发生在麦金侬酒店。观众走进酒店的那一刻,演出就开始了。观众可以自行选择自己的站位、观看故事的角度、追踪哪个角色、如何将故事串联起来等等。这是一种集视觉、听觉、嗅觉、味觉、运动觉、触觉和知觉为一体的全新的戏剧体验模式。这种浸入式戏剧所特有的控制感和亲密性是其他作品不具备的。

除了是第一个在网络上发攻略的人,徐文瀚还建立了上海第一个关于《不眠之夜》的社群。最后,徐文瀚干脆辞掉原有的工作,加入了《不眠之夜》的团队。

然而,作为全网第一个《不眠之夜》观剧攻略发布者,徐文瀚却开始呼吁大家不要观看任何攻略。

《不眠之夜》的购票页面

"看攻略真的不是看这部戏最好的方式,你应该有一个人探索的勇气,你需要探索这个世界的细节和运行规则,你拿别人的答案完成了一个答卷,对你而言并没有帮助。如果刻意地去追求戏的结局,一定会失去享受当下的乐趣。"徐文瀚解释说。

徐文瀚认为《不眠之夜》为人们创造了一个与世隔绝的世界,当人们想要逃避现实世界时,这里能随时随地给予他们慰藉。"哪怕是走一会儿、坐一会儿,或是呼吸一下这里的空气,我就很满足了。"

上海人对文化开放的态度,让这里保持着肥沃的文艺土壤,《不眠之夜》选择上海无疑是成功的。麦金侬酒店夜晚的魅力,也正等着具有好奇心和探索精神的观众去领略。

/ 四 /

近年来,以优质服务和极致娱乐为特色的邮轮旅行,市场热度逐年攀升。2017 年 7 月 11 日,全球旅行大师公主邮轮旗下的"盛世公主"号驶离上海,开始全球首航。

作为一艘专门面向中国游客的豪华游轮,了解中国游客的需求是必不可少的。外国人泰迪是"盛世公主"号上戏剧社的主持人,他亲切幽默、中文流利,受到很多中国家庭和孩子的喜爱。

"盛世公主"号

游轮上的娱乐活动

　　泰迪出生在美国底特律，从小因为喜欢太极拳而对中国文化产生了浓厚的兴趣。大学毕业后来到北京，加入了姐姐的戏剧社。正好当时公主邮轮公司开始打造面向中国的高端游轮，泰迪所在的戏剧社参加了"盛世公主"号的节目彩排。就是这次彩排让泰迪和"盛世公主"号走到了一起。

　　2017年5月21日，泰迪和"盛世公主"号一起从罗马启航，沿着海上丝绸之路，途经雅典、迪拜、厦门等22个国际港口，经过49天的航行，抵达了位于中国上海的母港。

　　"盛世公主"号游轮可搭载3560名旅客，是公主邮轮公司倾力打造的第一艘东西方文化融合的邮轮。泰迪幽默的性格和丰富的舞台经验让他成为"盛世公主"号大型活动的主持人。

　　在人群中的即兴表演，让泰迪非常兴奋。现在，泰迪是"盛世公主"号的艺术总监，平时主持一些游戏节目或者大型舞

盛世公主号工作人员

台秀，同时负责游轮上的大小活动。

　　休闲娱乐是邮轮旅行一直以来的主打服务，但要想深耕这片领域，就需要打造出更具个性化的内容。公主游轮一直致力于给每个上船的客人以及家庭带来一次完美的旅行体验。

　　除了丰富多样的娱乐项目之外，公主邮轮一直以无与伦比的美食体验享誉中国。在"盛世公主"号上更是得以完美诠释：它是目前在华运营的航线中，唯一一艘同时由两位米其林星级主厨担纲晚餐菜单设计的邮轮。

　　海天一色，徜徉在天际的巨轮，带着对旅途的好奇出发，满载着欢乐回港。伴随着经济的增长和生活水平的提升，越来越多的休闲娱乐方式涌现，满足着人们日益更新的需求。上海正是在这种动与静、新与旧之间，抵挡着岁月更迭，拥抱着变幻风云。

　　够自信，才能更包容。无论是精神文化还是城市建设，开放包容的强大力量留住了老上海，成就着新地标。

第二章 美食之趣

在上海这座荟萃八方的城市，吃，是一件极其讲究的事情。不论是菜品、环境还是用餐方式，都在不断地发生着变化。这些年来，一些新型的餐厅脱颖而出，引领新的潮流。

像许多上海人一样，逛菜场、挑食材，是 Stefan Stiller 每天必做的功课。这位来自德国的米其林星级大厨已经在上海生活了十三年，从最初的外来客变成了地道的上海人。

| 一 |

2016 年，Stiller 的西餐厅泰安门在上海开业，他没有选择繁华的商业区，而是将餐厅开

< 泰安门西餐厅

Stiller 西餐厅的美食

在了不起眼的街巷内。说起原因,Stiller 解释道:我们的理念更注重就餐体验,而不是位置或视图或期望。

泰安门不接待临时进店的客人,只能通过官网预约,并且每天只有 28 个预约名额。预定时,Stiller 还会详细询问客人的口味和喜好。这一切只因为,Stiller 希望带给客人一场完美的就餐体验。Stiller 说:"每个细节都要完美,环境和选址很适宜,温度和音乐很舒适,一切都要给顾客最好的体验。"

拥有 35 年烹饪经验的 Stiller 在欧洲餐饮界早已功成名就。但来到上海之后,他开始了一段新的美食探索之旅。

在对食材的处理上,Stiller 显示出德国人特有的严谨。

"比如说,我们餐厅的牛肉要经过一个特殊的准备工作——腌制一周后慢煮,这就意味着牛肉需要密封在真空袋中,腌制好之后再用一个特定的温度煮大约 60 个小时。"

这些精美的菜式在泰安门以套餐制呈现,一个套餐 14 道菜。每隔一段时间,Stiller 都会对菜单进行一次调整。

餐厅在设计布置上,也与传统西餐厅大相径庭,为了能与食客有及时的沟通,Stiller 特意将餐厅的厨房设计为开放式。

"我们不隐藏任何东西,一切都是开放和可见的,他们可以看到所有的菜,我们也会与客人沟通,比如向客人解释盘子里是什么,有什么特殊的成分,所以这是一个互动的就餐体验。"

良好的互动就餐体验体现于每一个细节,大到口味、服务、环境,小到摆盘、餐具、一把座椅。为了让客人能安心舒适地品尝完这14道料理,Stiller甚至还亲自设计了一把独一无二的椅子。

舒适的座椅、开放的厨房、独具特色的菜品以及一位富有创意的大厨,让每一位来到这里的客人都流连忘返,也让这家餐厅在开业仅仅半年之后,就摘得米其林一星。

送走最后一位客人,Stiller还不能休息,他要带领团队为下一个系列的菜单做准备。精挑细选的食材,化学实验般精准的烹饪,细节不仅决定了一道菜的品质,也决定着一座城市的品味。

/ 二 /

上海的迷人之处还在于,除了新型餐厅的不断涌现外,本土餐饮也在时刻寻找新的突破。老上海人的饮食习惯中流传着这样一句话:"吃遍天下百样菜,抵不过水中一只蟹。"据统计,上海人平均每年要吃掉5万吨蟹。而且,大部分蟹都来自一个地方。

上海崇明岛的长江口水域,是崇明大闸蟹的故乡。如今被当地人称为"蟹王"的黄春已经和螃蟹打了三十多年交道。20世纪90年代,当许多乡民还在长江口捕鱼的时候,黄春却对和鱼一同被捕捞上来的纽扣大小的螃

崇明大闸蟹

蟹产生了兴趣。黄春说:"蟹苗的种苗就是在崇明岛发现的,这也是我们崇明岛的一个独特的天然资源,所以我们当时就利用这个天然资源来培育蟹苗。"

于是,黄春挖了蟹塘,将扣蟹培育为蟹苗,很快销售一空。一时间,崇明蟹苗名气越来越大,在全国各地大放异彩

<黄春的蟹塘

宝岛蟹庄>

的大闸蟹都源自于这不起眼的崇明蟹苗。

"崇明岛主要是苗种,成蟹不出名,所以上海人基本上也不知道。"

崇明岛地处长江入海口,是中国最大的河口冲击岛。这座远离工业污染的生态岛水质优良,正是养蟹的佳处。2000年,黄春开始了成蟹的养殖。黄春把整个池塘全部改造成湖泊型,这样更适合螃蟹的生长。

但养成蟹和培育蟹苗完全不是一个概念,黄春很快就遇到了难题,他的蟹根本养不大。

黄春解释说:"崇明原来都是鱼蟹混养模式,所以螃蟹都是又小又黑,因此被戏称为'五小蟹''老毛蟹',虽然在前期我们也做了一些小规模的试养,但是大规模的螃蟹养殖还是第一次尝试。"

在当时,崇明岛上尝试养成蟹的并非黄春一人。面对问题,大家都束手无措的时候,黄春改变了思路。

他与上海一些高校科研单位成立了一个专家组,专门探讨在崇明这样一个特定的地域里怎么样把成蟹养好养大。经过几年的研究后,黄春得出结论:崇明的螃蟹是完全可以养大的。

"这个环境我们控制得很好,只要水养好、草种好,螃蟹就不会有什么病害。"

借助高校的科研力量,黄春走通了养成蟹的路,成为崇明岛名副其实的"蟹王",而崇明清水蟹也随着养殖规模的扩大,开始逐渐打响了名头。

崇明清水蟹体大膘肥,肉细膏腻。在崇明吃蟹,讲究现抓现品。但在宝岛蟹庄,蟹可不是捞出来就直接上桌的。因为螃蟹在经历六小时捕捞过程后,还需要高压充氧,这样才能把胃里、腮里、肠子里的脏东西全部清洗出来,确保螃蟹的品质。

品鲜蟹,最能保持其原汁原味的做法就是清蒸。青壳白肚的清水蟹,蟹黄鲜亮肥美,蟹脂洁白如玉。咸淡水交汇的崇明水域,造就了崇明清水蟹甜中带咸、鲜香可口的独特口感。

蟹庄并不提供菜单,吃蟹需要顾客提前预定,再根据时令最新鲜的食材定制蟹菜。清蒸蟹、蟹粉小笼包、蟹粉菜心……再佐以崇明土菜,便是一桌丰盛蟹宴。

经过二十年的攻坚克难,崇明清水蟹已然成为上海的特色,这里纯正的崇明蟹菜更是受到各地食客的追捧,用一方风味带动一座城市的发展。

/ 三 /

除了代表新式就餐体验的泰安门和地方特色的宝岛蟹庄外，在国际化的上海，食客们还能享受到最纯正的异域美食。

今天正值周末，上海瑞虹天地月亮湾的这家餐厅里，亲子活动照例进行。孩子们体会着亲手制作各种可爱饼干的乐趣。

严经理说，这家餐厅在每个周六都有一个亲子的烘焙活动，三岁到九岁的孩子在父母的陪同下都可以参加。

这家名叫 SEVA 的餐厅，主打纯正的北欧风味。说到

< SEVA 餐厅

做北欧饼干的小朋友 >

纯正，就不得不提餐厅的主厨 Tobias Olsson——周末烘焙活动的行政总司。他会亲自教授小朋友做北欧饼干和糕点的基本烹饪常识。

2010年，上海世博会期间，Tobias Olsson 从瑞典来到上海。那一年，他的身份是上海世博会瑞典馆的总厨。在此之前，Olsson 在瑞典已经享有盛名，是瑞典皇家御用主厨，曾操办了瑞典王子的婚宴。而在世博会结束之后，Olsson 做了一个出人意料的决定，他要留在上海。Olsson 从 2011 年世博会之后就在上海工作，他说因为上海给他留下了一个非常美好的印象。

瑞典肉丸

Olsson 喜欢上海的繁华与包容，这里的餐厅各具特色，但是他发现，上海还没有一家真正的北欧风味餐厅，他希望自己能填补这个空白。

所以严经理和 Olsson 如同高山流水遇知音，一拍即合，创立了 SEVA 品牌。

"从筹备餐厅开始，Olsson 就将这里当成了自己的舞台。"严经理说，"2016 年 12 月底，SEVA 开始试运营，一直到情人节，大概两个多月的时间，Olsson 没有休息过一天，天天在餐厅，每天 9 点就来了，晚上 11 点营业结束才下班。"

对待烹饪，Olsson 更像是一个追求完美的偏执狂，一旦开始工作，Olsson 就只有一个表情——沉默而严肃，让人难以想象平日里他也是个幽默爱笑的人。

相较西餐，北欧菜肴崇尚食材的原味，低脂少糖，蛋白质含量丰富。Olsson 将瑞典传统烹饪技法加入创新的概念，开创出多种令人垂涎的北欧菜品。

很多食客因瑞典肉丸慕名而来，一半猪肩肉混一半牛腿肉，创造出鲜美多汁的肉丸，让人胃口大开。

Olsson 解释说："北欧菜最大的特点就是原生态，所以我需要季节性的食材，根据气候的不同决定使用什么食材，以及如何腌制和保存。"

新鲜的生蚝肥美滑嫩，带着海水的气息，咸鲜香甜，软糯如奶油，吃起来韵味十足。

当然，只是菜品的完美还远远不够，合适的酒水可以提升菜品的口感。SEVA专业的侍酒师会根据客人的餐单推荐酒水。北欧餐厅的食材以海鲜居多，例如红鲷鱼、三文鱼等等，鱼的口感是比较浓厚的，因此调酒师要搭配一些比较清淡且口感轻盈的酒，这样才能凸显出鱼的味道。

除了让中国客人吃到正宗的北欧菜肴，Olsson更希望通过SEVA餐厅实现他传播北欧文化的梦想。

Olsson和他的团队每天都要迎接来自四面八方的新客人与老客人，献上纯正北欧风味的美食，让更多上海人体验独一无二的北欧饮食文化。

/ 四 /

今天，在上海人的饮食文化中，健康的理念越来越受到关注。素食，在经过近几年的快速发展后，又上升到了新的层面。坐落于外滩22号的大蔬无界，便是新式素食的代表。

宋渊博的母亲于1998年9月5号被查出癌症晚期，七天之后，他突然对太太说："我们是不是也应该陪妈妈一起吃素？"

宋渊博的母亲本来被告知只有半年左右的寿命，也许因为吃素对她的身体产生了一些积极影响，延长了寿命到两年多。

宋渊博，来自中国台湾的地产商人，正是19年前的这段经历，让他萌生了推广素食的念头。母亲去世后，宋渊博辞去了高薪工作，在上海嵩山路开办了第一家素食馆——枣子树。这对于物理系毕业、从事房地产近十年的宋渊博来说，并不容易。

枣子树素食馆 | 大蔬无界

"素食以前并不入流,因为太宗教化,没有商业性发展,所以必须选择一个适合它的土壤,而上海不论从开放性和包容度,还是饮食习惯和健康诉求也好,都是非常合适的。这里有着引领潮流的机会,所以我们选择来上海开创事业。"宋渊博说道。

经过十年经营,枣子树开起了多家分店。

不久后,宋渊博又创办了大蔬无界,继续其素食经营之路。在很多人的观念里,素食常常与文化和宗教并提,但大蔬无界并不给客人灌输形而上的理念,它吸引客人的方法十分纯粹,那就是回归餐饮最核心的本质——味道即王道。

煨过的黄耳,配以葱香汁君子酱和孢子甘蓝,便成一道滋养佳肴。

迷你红菜头与黄菜头,用青梅醋烤制后,再配以苹果脆片,鲜香中带有脆甜,令人回味无穷。

山楂核桃的重色,搭配上晶莹剔透的桂花水晶冻,再经百合泥点缀,使得菜品如画一般精美。

作为大蔬无界的总厨,现在的许栋对素食很有心得。但鲜为人知的是,在加入大蔬无界之前,许栋对素食还是抱有偏见的,他以为素食就是青菜萝卜。

一年之后,宋渊博再次发出邀请,请许栋参加他的生日宴会。这次聚会,改变了许栋对素食的一些看法,也彻底改变了许栋的职业道路。

"其实许栋是一个低调做人、高调做事的人。为什么今天他会在厨师领域有许多成就,就是因为他乐于认真学习,作为一个厨师他在不断地成长。"宋渊博笑着说。

许栋的努力被宋渊博看在眼里,两人默契的配合使大蔬无界赢得各方好评。宋渊博希望,每一道素食的创作者,都能以刀铲为画笔、以食材为原料,在精心雕琢之下,做出一幅幅素食美图,将平凡转化为神奇。

大蔬无界素食

餐厅内的古朴设计与餐桌上的蔬菜美食相得益彰,让人在享用素食的同时,也感受到片刻的宁静致远。

以将盘中风景呈现在顾客面前为自我期许,以味道吸引更多"不素之客"的到来,这份创始初心,对于大蔬无界而言从未改变。

融合的、纯粹的、健康的、传统的,这些各式各样的美食给人们带来了不同的味觉体验,也带来了精神上的满足。

第三章 旅家之选

2017年万事达卡公司发布的榜单中，上海成为最受外国游客欢迎的中国城市。2016年一年，上海共接待游客638万人次。这些来自四面八方的游客，对上海的最初印象，就是下榻地的舒适感。在上海，愈来愈多的新式酒店正悄然诞生，带给人们不一样的体验。

| 一 |

蝙蝠侠、超人、神奇四侠，这些耳熟能详的超级英雄形象，都来自于一位华人动漫艺术家的笔下。Pat Lee，在北美漫画界打拼了二十余年。近年来中国动漫市场高速成长，他也将目光投向了这里。

< 动漫艺术家 Pat Lee

H12 酒店

带着最新的作品，Pat Lee 来到了以时尚与先锋著称的上海。对他来说，一个好的落脚之地对创作至关重要。

在朋友的介绍下，他住进了位于淮海中路的一家酒店，这正是 H12 酒店在上海的第一家。

发源于奥地利阿尔卑斯山的 H12 酒店如今已经遍布全球，致力于打造高度个性化的酒店。将艺术融入酒店，是 H12 的独特理念。

正是酒店别致的艺术气息吸引了 Pat Lee 的到来。酒店现共有五间设计各具特色的客房及套房，同时集结了意式美学和老上海的元素，摩登的同时又流露出些许海派风情。每个房间都被打造成有着自己特色的小小美术馆。

在这五个设计风格不同的房间中，Pat 每次来上海都会选择同一间入住。作为 H12 的签约艺术家，酒店既是 Pat 的居住场所，同时也是激发他无限创意的地方。

Pat 很喜欢这里的氛围，亲切有活力，给他带来了许多创作灵感。

这一次，Pat 来到上海是为一件重要的事情。H12 酒店不仅为艺

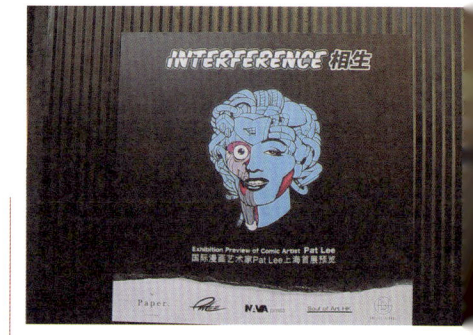

Pat Lee 在 H12 酒店的个人漫画展

术家们提供创作空间,同时还将他们的作品在这里展出。就在酒店的一楼,Pat Lee 的个人漫画展正在进行。

这种将艺术与生活相结合的酒店形式得到了越来越多的艺术家的认可,这个概念也开始在中国其他地方延续。

H12 在做这个艺术家常驻计划的时候,想到的不仅是中国的艺术家,也邀请了许多的海外艺术家。上海作为一个愈加开放的大都市,非常适合艺术酒店在这里生根发芽。

Pat Lee 把这里看做是自己在上海的家。在这里,艺术和生活不再有边界。H12 艺术酒店的出现为上海酒店行业注入了新鲜的血液,也为绚丽多姿的上海增添了更多靓丽的色彩。

| 二 |

床可以摆在艺术馆里,同样也可以摆在大自然中。伴随着经济的发展,人们的生活质量也在不断攀升。传统的酒店形式已经很难满足一些都市人的需求。他们向往自然,向往片刻的安宁。他们希望把度假酒店搬到大自然中去。

蔡江思,是一名青年建筑师,在过去十多年的建筑从业经历中,他参与了许多度假酒店的建设项目。但是,在很多风景好的地方,不可能建造度假酒店,这让蔡江思感到十分遗憾。就在这个时候,他收到了一个邀请。

"一个比较知名的开发商,邀请我们参观一家售楼处,模块化可移动售楼处。通过这次参观,我了解到房子还可以这么造。"

灵活的组装和运送模式,让房子能够方便快捷地安放于各类景区当中。这个设想一下子跳进了蔡江思的脑中。

蔡江思很快找到了同为建筑设计师的好友罗智,组建了自己的研发团队,马不停蹄地投入到制作研发中。

那是扬州这么多年来最冷的一个冬天,工厂里也没有空调，蔡江思和他的研发团队每个人都拿着工具，一起解决技术问题。

经过几个月的摸索，到2016年4月，蔡江思的团队做出了第一个可移动酒店房间。但是很快，他们发现，做出房子仅仅是第一步。因为房子只是一个产品，但客户需要的是一个从前到后的全套服务。

于是蔡江思他们做了一个IMBOX一站式移动度假屋解决方案体系，解决了从研发制造到安装维护整个过程中的所有问题。

IMBOX在扬州的工厂，只需用75天的时间生产，再经过4个小时组装、安放，一间50平方米的客房便完成了。将酒店嵌入自然的方式，实现了蔡江思"睡在美景里"的设想。

要在景区建度假酒店，除了方便快捷外，环保是各方关注的焦点。

蔡江思打造的酒店，地面采用一种完全可移动的方式，这种方式带来的好处就是不在现场留下任何建筑垃圾。整个项目需要搬离时，可以做到连根拔起，钉子、架子、房子一起全部拖走，土地也随时可以复耕。

IMBOX创造了一种全新的度假方式，但这仅仅只是开始。在蔡江思的规划中，IMBOX酒店还有更多更新奇的变化。比如

IMBOX

IMBOX 内景

建造一种可以旋转的房子，人不动风景动，为客户带来前所未有的新鲜体验。

IMBOX 的出现，改变了酒店的定义，酒店不再只是一个居住的空间，而成为我们与自然互动的平台。不断地创新，带给人们新奇的体验，也成为一座城市不断向前的助力。

/ 三 /

说到回归自然，上海人有着得天独厚的优势。位于上海北面的崇明岛森林覆盖率超过 60%，有着"上海城市后花园"之称，也是上海人度假休闲的好去处。

沈洋，是崇明岛西岸氧吧农庄的老板。十几年前，这里还是一片不毛之地。经过十多年的培育，沈家的苗圃逐步扩大，绿植种类也越来越多，植被覆盖率达到了 90%。后来，沈洋父母在苗圃的基础上增加了住宿、餐饮等项目，做成风靡一时的"农家乐"。本是一件好事，但沈家父子却产生了争执。

沈父主张用最低的成本满足苗圃的基本功能，但年轻的沈洋却不甘意这样循规蹈矩，他想利用外界元素，引进先进

农庄的餐厅

的设计理念。

沈洋邀请了来自新加坡的设计团队为农庄设计餐厅,但设计图纸一出来,就立刻被父亲给否定了。沈父更喜欢豪华欧式装修风格,上有吊顶,下有大理石,墙壁上贴着宫廷风的壁纸。但是儿子请来的外国设计师却说他的设计理念是贴近大自然的,零污染,更受消费者青睐。

最终,父亲没有拗过儿子,施工队按照原计划进行。

沈洋说:"农村人很不习惯这样的风格,他们觉得这个建筑很怪,也不涂涂料,里面也不做装修,就这么把混凝土裸露在外面,实在是太简陋了。"

在质疑的目光中,新餐厅迎来了第一批客人。这批客人都是同济大学的老师,他们觉得这个建筑做得很有特点。当外人对这个新餐厅的装修风格开始啧啧称赞的时候,村民们的观点才逐渐开始转变。

家庭风波刚刚平息,沈洋

质朴的设计

又向父亲提出了新的计划。沈洋希望将丛林深处的一排破旧老房子改建成高档客房。这一次,他找来了一位法国设计师。

"设计费就28万,工人们听了也是吓一跳,怎么要这么贵,一动都没动怎么要那么贵啊?"沈洋母亲说。

对于高昂的设计费,父亲也感到有些心疼,但是想到之前餐厅的成功,他没有再提出反对的意见。"古为今用,洋为中用。"沈父也深谙这句话的道理,"我们不能完全照搬西化,但是西方的好东西我们还是要学习的。"

西岸氧吧的丛林深处,这排特别的建筑取名"林舍"。每间客房的面积相同,但是风格摆设却截然不同。

沈洋经常去崇明的旧货市场或是拆迁工地,找崇明本岛的文化元素,例如一些碗和篮子,原本普通的旧物,经过沈洋的设计改造却焕然一新。

客人吃过饭后,在沈家苗圃的小桥流水、假山喷泉之中散步。"这简直就是神仙过的日子!"客人们连声称赞,"这就是人与自然的和谐,出去就是树林,周围全是氧气。"

如今,沈家的乡村酒店被280亩生态树林所环抱,成为名副其实的氧吧。客人多了,收入高了,沈家父子的经营理念也渐渐统一了。

客房

在西岸氧吧，享受一下崇明岛式的田园生活，洗脱身上的疲惫，体验心灵的恬静。这里既是氧吧，又是生活的加油站，让都市人带着满足与期待，回到城市的忙碌中，继续更好的生活。

/ 四 /

伴随着城市化的进程，有的酒店在内容上做着文章，有人在环境上下功夫，也有人开始探索酒店功能的新领域。位于南京西路商圈的这家酒店，除了闹中取静的地理位置，更吸引客人的是它对酒店概念的颠覆。

作为华住酒店集团旗下的轻奢品牌，CITIGO 酒店让游客变成酒店的主人。这里不需要前台，凭借一部手机，就能解决所有问题。

"用身份证办理入住，经过扫描后就可以选到需要的房间。然后通过微信、支付宝或者其他的网上支付方式就可以很方便地拿到房卡了。"金辉说道。

作为华住酒店集团总裁，10 年来金辉带领团队拓展了

CITIGO 酒店

3500家门店,从公司上市到成为酒店集团巨头。在酒店形式的开拓上,他走在了许多人的前列。

华住酒店的窗帘可以用APP来控制;空调,包括温度、制热、制冷、风速,以及房间的灯光,都可以由客户自由选择。华住使整个房间实现了智能化客控。

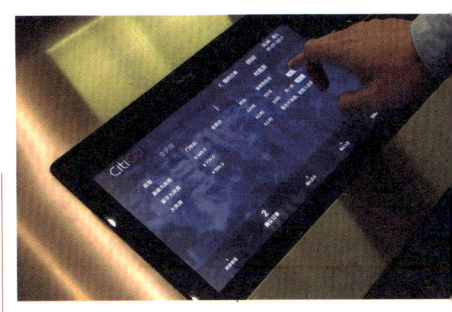

自助入住

金辉认为酒店产业的发展是不断更新换代的过程。第一代是高性价比的经营酒店,第二代是品质化的群级代表酒店。如今,第一代和第二代酒店形式已经普及,但是有没有更新的短时居住形态?他将目光再度投向了国外。金辉常常到美国或欧洲研究酒店的发展趋势,他发现新兴酒店一个很大的特征就是社交化、共享化的空间植入。

但这种在国外发展得如火如荼的社交酒店在中国还未见端倪。回国之后,金辉决意为国内社交酒店提供一个成熟的模型,于是创办了轻奢品牌CITIGO。CITIGO倡导社交及全自助入住模式,从进入大堂那一刻,就能明显感觉到其与众不同。这种强调社交化共享空间的方式,带给客人全新的体验和感受。

金辉喜欢跑马拉松,他的生活理念随性而积极向上。在CITIGO,他也希望能为年轻人提供一个舒适而随意的环境。酒店设置了餐厅、酒吧、屋顶花园、露天电影,变换丰富的场景为客人营造出浓厚的社交氛围。在这里大家放下手机,聚在一起听听音乐、喝杯啤酒,回归到人与人交流最初始的状态。

凭借多年对酒店市场的洞察,金辉明白,在当下,越来

露天电影

越多的年轻人追求轻奢与时尚的概念。这里的社交氛围，吸引了各路潮人、网红、艺术家和背包客。金辉希望借助酒店，改变现在年轻"低头族"的社交状态，也能在陌生人之间建立纽带关系。

如今金辉的酒店，无论是对于生活方式的植入，或者对于智能化的应用，都得到了消费者极度的认可。在用心营造的氛围中，酒店成了温馨的家，独在他乡的异乡客在这里找到归属感。这也正是上海这座城市带给外来人的感受。接纳、包容、共进，让每一个来到这里的人都有立足的土壤，都有开枝蔓叶的空间。

形式各异的酒店，等待着与人们的触碰。找到心仪的风格，留下属于自己的特别印记。上海，带着这些印记在另一个清晨醒来。

第四章 尚新之城

上海,一直以来都走在中国时尚潮流的最前端。那些始于微处的变化,蓄积着城市进化的能量。淮海路,起源于赫赫有名的霞飞路,从20世纪30年代到今天,这里一直是上海的"时尚之源",是最繁华的街区之一。"上下",一个扎根上海,受到众多国际顶尖设计人才青睐的品牌就藏身于此。

| 一 |

"上下"品牌是个"中法混血儿",拥有东方的雅致和法式的浪漫。作为"上下"的创始人,

"上下"服装品牌

蒋琼耳的作品

蒋琼耳本人就兼具了东西方文化的艺术修为。蒋琼耳出生在上海的一个艺术世家，外祖父蒋玄怡是最早把西方油画艺术引入中国的画家之一，父亲蒋同和则是上海博物馆的建筑师。从小和哥哥一起学画的蒋琼耳，与中国文化有着不解的渊源。她师从陈师法老师、韩天恒老师，从同济大学毕业以后去法国留学。因为受到东西方文化的影响，蒋琼耳的作品不再完全拘泥于传统，无论是龙凤雕还是刺绣。

蒋琼耳创办"上下"的初衷便是文化的沟通和传承。她要把传统手工艺从博物馆里请出来，通过现代设计手法让它们重新回归到现代人的日常生活中。为此，她和自己的团队一直在四处搜寻登峰造极的古老工艺。

蒋琼耳演绎工艺的原则是赋予传统工艺品以功能性。简而言之就是让每件器具拥有新的用途，扮演新的角色。

竹丝扣瓷，是源自四川的古老手艺，仅有0.35毫米的竹丝被用来编织一些纪念品、工艺品。蒋琼耳却将它改造成了杯垫。薄胎瓷，自明代开始就广为流传，0.5到1毫米的瓷壁厚度，赋予了瓷器空灵的声响。蒋琼耳和窦唯的合作，让薄胎瓷和电子音乐进行对话，可谓是天籁之音。再如游牧民族传统的服饰手艺——羊毛毡，随着人们生活习性的改变，传统的羊毛毡不再适应如今的生活习惯。蒋琼耳保留了毡子的原始制作工艺，在没有任何工具下制成了原生态羊绒大衣。"它已经不是一件纯粹的时装了，它是一件会和你发生情感连接的一件器物。"蒋琼耳说道。

　　蒋琼耳的设计作品，除了耐人寻味的观赏性之外，还有极强的实用性。其设计作品曾在瑞士、美国、法国等多个国家展览并被收藏。"上下"一经面世，便名声大噪。这不仅因为蒋琼耳在国际设计领域的口碑，更得益于法国爱马仕集团的加入。谈起与爱马仕的合作，蒋琼耳认为二者的缘分其实来源于对生活、对爱的美好理想和勇敢追求。

　　在2017年末，蒋琼耳的作品"犀皮漆天地盖盒"正式被大英博物馆永久收藏，并于博物馆的中国与南亚展厅展出。与此同时，蒋琼耳与好友陈漫一起，在"上下"又推出特别合作系列——赤焰黑，在水火即济中平衡相动，共同演绎今时今日的东方时尚。

　　立足于当下，重现历史。在传统与创新的对话中，蒋琼耳所追求的，不是昙花一现般的潮流，而是直指内心的永恒和经典。以现代的方式表达传统，既东方也西方，既主流也非主流，跨越时间的概念，在看似对立的两极诠释均衡之美。

二

　　日新月异，是城市与生俱来的本能。与传统一样面临着更新的，还有都市人的生活方式。

　　互联网时代下，科技与经济飞速发展，网络阅读成为新一代的阅

阅读

读方式。面对网络阅读的冲击,越来越多的实体书店关门倒闭。但是,就在许多人对实体书店唱衰的时候,何璇却对书店的未来有另一番畅想,因为他觉得上海的精英人群聚集在这样一个海纳百川的大都市之中,迫切地需要补给自己,人们期待着成长和发展,

大隐书局

书店也就不会没有未来。

何璇,在出版业打拼了十年。这十年间,何璇眼见着读书的人渐渐少了,又渐渐多了,日复一日中,他心中的想法也渐渐具体了起来。何璇想以书店为载体,重新赋予它更多的文化内容,让更多的人通过一个休闲的空间,回归到阅读的本质当中去。这是他最初的一个设想。

很快,何璇的这个设想成为现实。在武康路,宋庆龄故居的附近,"大隐书局"悄然诞生。这是何璇在实体书店不景气时的一次大胆挑战。为了打造新型的书店,何璇首先在书的种类上做了改变。大隐书局只有四种"无用之书"——文学、历史、哲学、艺术。这种选择,也是基于他十年出版业的经验。无用之书不同于功能书,是都市人的心灵补给,更

是阅读的本质所在。

图书不再是传统书店中包装精美的待售商品，而成为真正的思想载体。与此同时，按照何璇的构想，书店的意义，也从售卖场所延展成为都市中的会客厅。

"其实做图书行业的人都知道，书的利润并不高，对于我们实体书店来讲的话，也是一个转型的机会。我们想通过茶这个媒介，拉近人与人之间的距离，把它变成一个沟通的桥梁。"何璇说道。

大隐书局的空间分为书、艺、茶、食四个维度。在聚集了一批热爱阅读的人之后，更深层次的艺术导赏、图书沙龙成为新的需求。在这里，读者不仅能够看到书、买到书，也能和作者近距离地分享阅读感受和心得体会。

还值得一提的是，在大隐买书，可以得到免费包书皮的服务，这个小小的举措，表达着人对书的情感。

这一年，何璇的书店举办了超过150场的各类活动。大隐书局用革新在城市中留下了文化的标记。

走马观花的人少了，沉浸在阅读中的人就变多了。一本书，一盏茶，邀约三两好友，组成了都市角落里安静而充实的午后时光。

知识，不随载体改变而改变，在互联网全面覆盖、经济高速发展的今天，更多的上海人通过阅读增进自我，用指尖去触摸书脊，感受文字的温度。上海人对于文字的情怀，也在这样的书店中得以传承。

图书沙龙

| 三 |

与大隐书局里安静的阅读者不同，活跃于上海街头的潮女型男，更热衷于用时尚去表达自我，彰显品位。

在爱尔兰从事奢侈品管理十年的Alex说："时尚首先要自信，你要能够勇敢地展现自己。"Alex从小就对时尚产业有着浓厚的兴趣，有着丰富的时尚产业工作经验。

中国的时尚产业发生着翻天覆地的变化，一批比肩国际时尚的买手店正迅猛生长。马当路新天地，汇聚了众多时尚买手店，明星出没，灯火通明，这其中，8年老店ALTER是最亮眼的一家。

"ALTER在英文中的意思是改变，意味着多变的风格，给这个城市注入更多的多元性。A是Art，艺术；L是Life style，生活方式；T是taste，品位；E是Essence，甄选；R是rhythm，旋律和音乐。"

意识到中国时尚产业的巨大变化，Alex一直寻找着回国工作的机会，直到2016年，他遇见了ALTER举办的CHINA CALLING。

随着中国时尚产业的升级，

ALTER

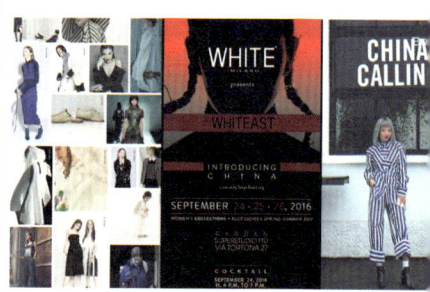

CHINA CALLING

中国本土设计师也跃跃欲试，崭露头角。这一年，ALTER 启动的"CHINA CALLING"项目，目的是为了集结国内优质设计师，打造属于他们的展示平台，将中国的设计师推向世界舞台，让世界看到中国的时尚新势力。

CHINA CALLING 的成功举办，让本来就名声在外的 ALTER 备受瞩目，同时也加速了 Alex 想回国发展的想法。在 Alex 眼里，在新天地这样的奢侈品圣地，能够看到上海最前沿乃至全中国最前沿的时尚。

因为被国内时尚产业的快速发展所震惊，ALEX 选择留了下来。"2012 年的时候，ALTER 获得了 WSGN——时尚界的奥斯卡。ALTER 的理念非常先进，我觉得它是中国买手店的始祖。"Alex 说道。备受国际时尚圈关注的 ALTER 品牌自此成为他开始新事业的起点。

Alex 成了 ALTER 的搭配师，在这里工作可以看到全球最前卫的设计汇总，真正掌握全球最新的时尚潮流动向。这里的熟客们大多都是对时尚有着强烈追求的人，其中不乏知名设计师、时尚 KOL、明星。面对如此高水准的客户群，他要做的，就是将每位设计师的风格和作品都熟记于心、灵活运用，搭配出适合客户风格的服饰。

搭配师 Alex

在 Alex 的日常搭配中，有一个品牌最为独特，那就是 Rolling Acid。这是由 ALTER 创始人龙霄担任创意总监、荷兰艺术家 Kavelaars 担任设计总监，共同创立的国内时尚品牌。

"Rolling Acid 作为一个时装品牌，主旨是行走

Showroom

的艺术。"Alex 说道，"每一件 Rolling Acid 单品上的印花都是 Kavelaars 为每一个系列单独打造的主题，也就是说你拿到手里的每一件时装都是独一无二的。"

除了树立自己的品牌外，ALTER 还希望为进入中国市场的国际时尚品牌提供一个综合平台，搭建中国买手店与国际大牌之间的桥梁。因此，ALTER 会定期开设 Showroom 展示，这已经成为 ALTER 中流砥柱的产业之一。它最大的特色就是买手策展制，从品牌的包装到引进，ALTER 为中国买家提供了专业化的一套式服务，并且将国际最新的潮流引入中国。

Showroom 的出现点燃了 Alex 想在国内开一间男装买手店的想法。Showroom 赋予了 ALTER 更大的格局，也成为 Alex 梦想的加速器。ALTER，是在上海这片土壤上开出的时尚之花。

这朵时尚之花还有更广阔的天地,它盛开在国际时尚的前沿,也将会开向中国更广阔的地方。

/ 四 /

随着产业的升级与细化,新的职业和机构在城市中不断出现。投身其中的逐梦者,一部分看中的是趋势与机遇,而另一部分则是遵循于自己的兴趣和内心。

霓虹闪烁,都市人夜晚的放松从运动开始。穿越老街、穿越城市公园,夜跑是另一种了解上海的方式。

冰冰龙是上海"慢慢跑"跑团的发起人。跑步对于他来说已经不仅仅是爱好,更是他重新找回自我的方式。

从体校毕业,他并没有走上专业运动员的道路,而是成为一个穿梭于写字间的公司职员。繁忙的工作,让他与钟爱的运动渐渐疏远。在那段没有跑步的日子里面,他吸烟喝酒,甚至感觉人生变得颓废。"我觉得是时候改变一下自己了,然后就重拾了跑步。"

从徐汇滨江规划展示中心开始,经过龙美术馆,延伸至

徐汇滨江

<冰冰龙(右一)

"慢慢跑"跑团>

龙腾大道，全长10公里左右，是上海人心中的跑步圣地，也是冰冰龙现在每天的跑步路线。

"其实我刚开始跑步的时候是一个人。"冰冰龙说，"你知道一个人跑步比较枯燥，很难坚持，所以我想寻找和我有共同爱好的人一起去跑步。"

为了寻找跑伴，冰冰龙发起了"慢慢跑"的跑步组织。但运营跑团却面临着诸多问题。那时他们没有一个固定的场所来存包、更衣、集结跑友，在跑的过程当中没有办法提供补剂。

就在冰冰龙为跑步的后勤工作犯愁的时候，为了支持群体体育运动的发展，突出上海作为旅游城市的吸引力以及切实整体提倡体育运动，龙腾大道上建起了全国第一个全年无休的公益跑步基地——Adidas Runbase。跑步服务基地的建立，解决了冰冰龙跑步组织之前的所有问题。

无论是对于那些希望得到更专业指导的初级跑者，还是希望突破瓶颈、提升自我的专业跑者，Adidas Runbase 都有用武之地。这里，还会组织沙龙活动，让跑步变得更加有趣、更加专业。冰冰龙领导的"慢慢跑"跑团，从刚开始的十几人，逐渐发展壮大到数千人。随着跑团规模的扩大，跑者们的目标也更高了。冰冰龙和他的团队还定期邀请一些跑圈的大咖来分享一些他们的马拉松经验。除此之外，Runbase 还有一个打卡系统，跑者通过不断参加活动的方式，打卡累积到一定的积分之后，就可以用积分兑换各种 Adidas 的购物券，还有一些著名马拉松赛事的名额。冰冰龙的夜跑组织借助 Runbase 这个平台，激励了跑者，让更多的人参与到了夜跑活动中来。

为给跑者提供极致舒适的跑步体验，Adidas Runbase 引进最新科技，通过跑步机试跑，进行身体机能测试，为跑者挑选到最合适自己的跑鞋。

Adidas Runbase 改变着跑者的运动体验，也改变了冰冰龙的人生轨迹。跑步，不仅带给冰冰龙健康的体魄，也带给他充实而自信的人生。

龙腾大道上的跑者，脚下踩着的是这个城市满怀活力的脉搏。新的潮流、新的科技、新的观念，充盈着都市的未来。

不用去定义这个城市，因为它每天都在变。城市为什么变？因为城市里面的人在变。

心系传统，懂得传承，更放眼未来，勇于打破。上海，正因为其背靠太多的经典与辉煌，所以每一次的更新，都必须更加精彩醒目，这座尚新之城，也因此充满力量与可能。

Adidas Runbase